KB170034

CARBON

MARKET INVEST

탄소시장 인베스트

탄소시장 인베스트

탄소배출권 이론, 가격결정과 파생상품 투자 전략

탄소시장 인베스트

김태선 지음

두드림미디어

프롤로그

2015년 1월 12일 개장한 국내 탄소배출권 시장은 2023년 4월 10일, 거래일수 기준으로 2,030일째를 맞이하고 있다. 국내 탄소배출권 시장은 코로나19를 기점으로 전혀 다른 양상의 시장 구조를 보인다. 코로나19 이전에는 탄소배출권 수요우위의 가격 급등세를 보인 반면, 코로나19 이후에는 공급우위의 가격 급락세를 경험하고 있다.

유년기인 제1차 계획 기간을 거치고, 청년기인 제2차 계획 기간 이후, 2021년부터는 장년기인 제3차 계획 기간을 맞이하고 있다. 국내 탄소배출권 시장이 국제표준에 얼마나 부합되고 있는지에 대해 객관적이고 냉정한 평가가 필요한 시점이다.

2023년 10월부터는 유럽의 대표적 환경규제인 탄소국경조정제도(CBAM, Carbon Border Adjustment Mechanism)가 시행된다. 이 제도의 시행목적은 국내 탄소배출권 시장이 국제표준으로 변화할 것을 암묵적으로 요구하는 것이다. 2015년 1월 개장 이후 국내 탄소배출권 시장은 '하드웨어적 인프라'는 완비되어 있으나, '시장다운 소프트웨어'는 부족한 상황이다.

국내 탄소배출권 시장을 둘러싼 8대 개선과제를 화두로 프롤로그를 대신하겠다.

제1대 과제 : 경매 제도 개선

탄소배출권 경매 시장은 현물시장의 수급 상황을 알 수 있는 바로미터다. 응찰(수요)이 입찰(공급)보다 큰 경우, 현물가격보다 경매가격이 높게 형성되면서 향후 가격상승을 전망하게 된다. 반대로 입찰(공급)이 응찰(수요)보다 큰 경우, 초과공급으로 현물가격보다 경매가격이 낮게 형성되면서 가격하락을 전망하게 된다.

경매 시장 제도 중에서 최고 응찰가격과 최저 응찰가격에 대한 제한이 없다는 점과 낙찰하한가 계산방식을 전혀 알 수 없다는 점은 가격발견 기능보다는 오히려 경매 낙찰가격의 불확실성을 높이고 있어 개선이 요구된다. 따라서 현물시장과 동일한 종가 대비 ±10.0%로 상한과 하한가격을 제한해야 하고, 경매 시장 참여자 확대를 위해 입찰 수량의 15~30%인 낙찰수량 한도도 대폭 낮춰야 한다.

제2대 과제 : 시장 안정화 조치 개선

탄소배출권 시장은 과거 배출량 수준에 기반을 둔 그랜드 파더링(GF, Grandfathering) 할당 방식을 채택해오고 있다. 그 결과 탄소배출권 시장은 태생적으로 공급우위인 시장이다. 할당량은 사전에 과거 배출량 기준으로 정해지는 값이지만, 인증량은 사후에 확정되는 가변적인 값이다. 저성장과 경기 리세션(Recession) 국면은 계획 기간을 거치면서, 과잉할당이라는 결과를 낳게 된다.

탄소배출권 시장의 성패 여부는 공급물량 통제와 직결된다. 유럽 탄소배출권 시장이 그 대표적인 예로, 리먼 사태와 유럽 재정위기를 거치면서 다양한 방법으로 과잉할당된 배출권을 관리해오고 있다. 유럽 탄소배출권 시장 안정화 조치의 핵심은 물량 통제를 이용한 가격관리다. 적정한 유통 물량 기준을 산정해 초과 시 경매 물량을 줄이고, 부족 시 경매 물량을 늘리는 방식으로 관리하고 있다. 이 과정에서 배출권 가격을 상승시켜 온실가스 감축 프로젝트들을 독려하고 있다.

제3대 과제 : 정보 비대칭성

정보 비대칭성은 시장 참여자 사이에 정보 격차를 일컫는다. 시장을 운영하면서 관련된 모든 정보는 시장 참여자 모두에게 투명하게 공개되어야 한다. 탄소배출권 시장과 관련된 정책 및 제도들이 정보의 비대칭성을 일으켜서는 안 된다. 따라서 준칙에 근거해 정비되어야 한다.

사전적으로 정립된 준칙 없이 정책당국 재량에 의한 부분들은 불

확실성을 증폭시키고 정보의 비대칭성을 확대한다. 재량과 관련해 대표적인 것이 시장 안정화 조치(현저한 부족), 시장 조성자 의무이행 평가 기준(시장 변동성 확대 기간에 변동성의 정의), 유상 경매 시장의 낙찰하한가 계산식 미공개, 장외거래 가격 및 거래량 미공개 등을 꼽을 수 있다.

제4대 과제 : 개인 투자자 시장 참여 허용

제3자의 시장 참여에 있어 개인 투자자는 현물시장뿐만 아니라 향후 파생상품 시장에서도 마중물 역할을 할 것으로 보인다. 코로나19 이후 일반 개인 투자자들의 투자 방식은 크게 변화하고 있다. 특히 MZ세대를 중심으로 직접 투자 방식을 선호하고 있다. 직접 투자를 선호하는 비중이 무려 83.0%를 차지한다.

최근 시장에서 회자되고 있는 간접 투자 상품을 이용한 제3자의 시장 참여방식은 지양해야 한다. 간접 투자 방식을 통한 현물시장의 활성화는 전 세계 어느 곳에서도 선례를 찾아볼 수 없다. 유럽 탄소배출권 시장의 경우 할당대상업체, 기관 투자자, 개인 투자자, 헤지펀드, 글로벌 투자 은행, 법무법인, 컨설팅업체 등 매우 다양한 주체들이 시장에 참가하고 있다. 결론적으로 제3자의 시장 참여는 개인 투자자의 직접 투자 방식 참여가 핵심이 되어야 하고, 시장 참여자 제한을 조속히 없애야 한다.

제5대 과제 : 장내 탄소배출권 파생상품 도입

특정상품이 파생상품으로 상장되기 위해서는 기초자산의 표준화, 높은 가격 변동성, 풍부한 유동성 등을 만족시켜야 한다. 탄소배출권 시장의 경우 거래되는 기초자산은 톤 단위로 거래됨에 따라 표준화 기준은 만족시키고 있다. 연평균 장기 변동성 또한 45.9%에 달하는 높은 변동성 조건도 충족시키고 있다. 그러나 저유동성 부문은 해결해야 할 과제다. 시장 조성자를 통한 유동성 보강은 단기적인 처방이므로 실질적인 유동성 개선과 보강을 위해서는 개인 투자자의 시장 참여와 장내거래 의무화를 적극적으로 추진해야 한다.

제4차 계획 기간 중 유상할당 비중이 대폭 증가할 경우 위험관리에 대한 필요성이 본격화될 것으로 전망된다. 유연성 메커니즘 중에서 이월에 대한 리스크(가격하락 및 배출권 처분)는 선물매도포지션으로 제거하고, 차입에 대한 리스크(가격상승 및 배출권 확보)는 선물매입포지션으로 제거할 수 있도록 탄소배출권 선물시장의 조기 개설이 필요하다.

제6대 과제 : 장내거래 의무화

국내 탄소배출권 시장은 개장 이후 누적 기준으로 장외거래 비중 56.1%, 유상 경매 비중 10.8%, 장내거래 비중 33.2%의 구성 비율을 보인다. 시장 참여자들이 장외거래를 선호하는 이유는 대량거래가 단일가격에 가능하다는 점과 매매 비용이 저렴하다는 점, 매매 정보가 미공개된다는 점에서 선호하고 있다. 그러나 현물시장의 유동성 보강 및 투명한 가격결정 제고를 위해서 장내거래를 의무화해야 한다.

특히 무상으로 할당받은 배출권에 대해서는 장내거래 의무화의 명분은 충분해보인다. 더 나아가 제3차 계획 기간에 도입 예정인 장내파생상품 도입에 앞서 반드시 현물시장 가격의 투명성 확보와 함께 원하는 가격에 원하는 수량을 매매할 수 있도록 유동성 보강이 선제적으로 이루어져야 한다. 이를 위해 무상할당에 대한 장내거래 의무화를 적극적으로 추진해야 한다.

제7대 과제 : 유상할당 강화

제1차 계획 기간 100.0% 무상할당 이후 제2차 계획 기간에는 무상할당 97.0%(유상할당 3.0%), 제3차 계획 기간에는 90.0%(유상할당

10.0%) 비중으로 유상할당 비중을 높여 나아가고 있다. 유상할당 비율을 높여 나아가고 있는 이유는 온실가스 감축 투자를 유인하고, 더 나아가 비용을 효율적으로 감축시키는 프로젝트 개발에 있다.

최근 유럽 탄소배출권 가격이 톤당 100유로에 육박하는 고공행진 배경에는 유상할당이 늘어나고 있다는 점과 EU지역 온실가스 감축 목표의 상향조정, 배출권 유통물량 축소에 기인한다. 국내 탄소배출권 시장도 제4차 계획 기간에는 경기 펀더멘털이 훼손되지 않는 범위 내에서 국제표준에 적합하도록 유상할당 비중을 높여야 한다. 동시에 이에 대한 부작용을 최소화하기 위해서 유상할당 업종 대상으로 탄소차액계약제도(CCfDs, Carbon Contracts for Differences)를 도입해야 한다.

제8대 과제 : 이월제한제도 변경

탄소배출권 시장에서 유연성 메커니즘은 이월제도, 차입제도, 상쇄제도, 조기 감축 실적으로 구성된다. 이 제도들은 탄소배출권 시장의 수급에 직접적인 영향을 미치므로 매우 신중하게 마련되어야 한다. 유럽 탄소배출권 시장은 개장 초반, 시장 논리에 따라 무상할당의 경우 이월을 불허했다. 그 결과 유럽 탄소배출권 가격은 톤당

0.03유로까지 하락하기도 했다.

이러한 이월금지의 배경은 무상할당 배출권이기 때문에 가능했다. 유상할당 비율이 높아지고 있는 시점에서 유상할당과 이월허용은 비례적 관점에서 운영되어야 한다. 제4차 계획 기간부터는 유상할당 비율이 10.0%면 잉여분에 대해 10.0% 이월을 허용하고, 만약 유상할당이 100.0%인 경우 잉여량 100.0%를 이월할 수 있게끔 유상할당 비율과 연동해 이월을 허용해야 한다.

상기 언급한 8대 과제들은 과제들 상호 간 연계해 고려되어야 할 부분이 많다. 시장 안정화 조치와 유상 경매 제도, 이월제도와 유무상할당 부분, 유연성 메커니즘과 탄소배출권 선물시장 등의 분야는 상호 유기적인 관계를 주도면밀하게 분석해 제도를 개편해야 한다.

8대 과제 중 핵심은 '개인 투자자의 시장 참여 조기허용'과 '탄소배출권 선물 조기도입'이다. 이 두 과제는 국내 탄소배출권 시장에서 화룡점정(畵龍點睛)에 해당할 정도로 매우 중요한 과제다. 앞으로 개인 투자자들의 시장 참여를 불허한다면 탄소배출권 현물, 선물시장의 활성화는 절대 될 수 없고, 국내 탄소배출권 시장은 실패로 끝날 것이다. 더 나아가 글로벌 스탠더드와는 더욱 멀어지게 될 것이다.

차 례

프롤로그 …… 4

Part 01 탄소배출권 시장 개요

01 탄소배출권 시장 현황 …… 18
02 탄소배출권 주요제도 …… 21
03 유럽 탄소배출권 시장 비교 …… 35

Part 02 탄소배출권 수급분석 및 가격결정

01 수요 요인 …… 50
02 공급 요인 …… 56
03 탄소배출권 이론과 가격결정 …… 60
04 전력 및 에너지 시장 투자 지표 …… 66

Part 03 탄소배출권 위험관리 및 파생상품

01 탄소배출권 위험관리 필요성 …… 74
02 탄소배출권 파생상품 …… 78
03 탄소배출권 선물거래 …… 82

Part 04 탄소배출권 최적 헤징 전략 수립

01 탄소배출권 최적 헤징 전략 …… 96
02 탄소배출권 선물시장 이론가격 …… 103
03 탄소배출권 스왑시장 이론가격 …… 111
04 탄소배출권 레포거래 전략 …… 122

Part 05 탄소배출권 대응 및 투자 전략

01 탄소배출권 자산-부채관리 전략 …… 130
02 이월대응 전략 및 차입대응 전략 …… 134
03 온실가스 감축 프로젝트와 위험관리 전략 …… 139
04 공급인증서 시장과 탄소배출권 시장 연계 전략 …… 144

참고문헌 …… 150

부 록
1. 〈한국경제신문〉 더 머니이스트 김태선의 탄소배출권 …… 154
2. 온실가스 배출권의 할당 및 거래에 관한 법률 …… 193

Part 01

탄소배출권 시장 개요

2023년 3월, '2050탄소중립녹색성장위원회'와 환경부는 '제1차 국가 탄소중립·녹색성장 기본계획(2023~2042년)'을 발표했다. 발표된 내용에 따르면, 2030년 탄소배출량을 2018년 대비 40% 감축한다는 목표는 조정 없이 유지됐다.

다만 산업 부문에서는 2030년까지 탄소배출량을 2억 3,070만 톤으로 2018년 대비 11.4% 감축하기로 했다. 이것은 기존(안)인 '2018년 대비 14.5% 감축'과 비교해서 3.1%p 완화된 것이다.

이처럼 국가 온실가스 감축 목표가 설정된 만큼 감축 목표달성을 위한 다양한 감축 방법이 있다. 감축 방법 중 가장 핵심이 되는 것은 시장 메커니즘을 이용한 탄소배출권거래제다.

제1장에서는 2015년 1월 개장 이후 현재까지 국내 탄소배출권 시장 전반에 대한 현황을 분석한다. 나아가 글로벌 스탠더드 시장인 유럽 탄소배출권 시장과의 비교를 통해 국내 탄소배출권 시장이 나아갈 방향성을 모색하고자 한다.

01

탄소배출권 시장 현황

국가 온실가스 감축 목표를 비용면에서 효과적으로 달성하기 위한 목적으로 도입된 탄소배출권거래제가 시행된 지 8년째를 맞이하고 있다. 제1차 계획 기간(2015~2017년)과 제2차 계획 기간(2018~2020년)을 거쳐, 제3차 계획 기간(2021~2025년)에 접어들었다.

탄소배출권거래제는 다양한 시행착오를 거치면서 배출권 할당, 배출권 거래, 배출량 측정 및 보고, 배출량 검·인증에 이르는 일련의 제도 운용 프로세스를 통해 나름대로 제도 안착에는 성공했다.

2015년 1월 배출권 시장이 개장된 이후 탄소배출권 가격은 꾸준한 강세 국면을 연출했다. 탄소배출권 가격은 2015년 1월 12일 톤당 8,640원으로 거래를 시작한 가운데 2019년 12월 톤당 40,900원을 돌파하면서 5년여 만에 373.4%의 상승률을 보였다.

이와 같은 탄소배출권 가격의 급등 배경은 배출권의 유동성 부족에 기인한다. 잉여 또는 부족 여부를 떠나 대부분 시장 참여자는 배출권 확보에 주력했으며, 조기 감축 물량 인정에 따른 잉여업체의 경우는 무제한 이월대응으로 임했다. 따라서 탄소배출권에 대한 공급은 정부의 시장 안정화 물량에만 의지하는 양상을 보였다.

[자료 1-1] 탄소배출권 가격 및 거래량 현황

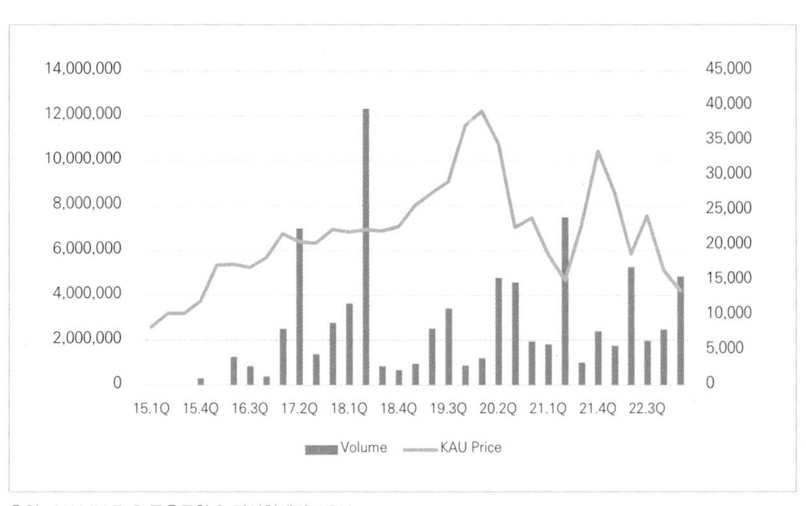

출처 : NAMU EnR 금융공학 & 리서치센터, KRX

2019년 말 코로나19 이후 2020년 3월 들어 글로벌 확산세는 더욱 심화했다. 국내외 경기 펀더멘털(Fundamental, 경제기초)에 대한 침체 우려가 현실화되었다. 국내 탄소배출권 시장은 에너지 수요감소와 전력수요의 감소가 확인되면서 개장 이후 고점 대비 2023년 2월 말 기준, 배출권 가격이 68.7% 하락한 상태다.

제도 대응의 경우 KAU 21년물 할당 배출권은 이월 및 차입 신청이 2022년 6월 10일 도래했다. 정산 시점이 맞물리면서 잉여업체들의 이월제한 물량이 본격적으로 출회되었고, 사상 최초로 시장 안정화 조치가 내려졌다. 시장 안정화 조치의 하나인 최저거래가격제도는 2021년 4월 19일과 2021년 6월 25일에 각각 발동되었다.

코로나19 이전은 공급자 우위 시장(Seller's Market)으로 가격상승 현상이 나타났다. 이후에는 수요자 우위 시장(Buyer's Market)으로의 기조적 변화로 배출권 가격은 하락하고 반전했다. 이에 따라 탄소배출권 시장 역시 '수급은 모든 재료에 앞선다'라는 명제가 코로나19사태로 입증된 셈이다.

탄소배출권 시장의 투자별 매매 동향을 살펴보면, 코로나19 이전은 대부분의 할당대상업체가 매수우위의 움직임을 보였다. 유상 경매 시장이 개설되면서 전환 부문의 경우 현물시장과 경매 시장을 통해 부족분을 채워 나가고 있다. 코로나19 이후에는 경기둔화로 배출권 잉여가 발생하면서 산업 부문을 중심으로 매도우위를 보였다. 그 결과 2022년도 할당 배출권(KAU 22년물)은 연중 최저치를 경신했다.

국내 탄소배출권 시장은 이행 기간을 거치면서 꾸준한 성장세를 보이고 있다. 거래량의 경우, 2015년 32.1만 톤에서 2022년 말 현재 1,150.8만 톤으로 3,480.9% 상승했다. 거래대금 또한 6,042.8% 상승세를 보였다. 탄소배출권 가격은 계획 기간 및 이행 기간을 거치면서 수급 불균형이 가격 변동성 확대로 이어지는 모습을 보였다. 또한, 거래량 감소(증가)가 가격상승(하락)을 초래하는 움직임을 나타난다.

02

탄소배출권 주요제도

1. 탄소배출권 거래

배출권거래제(ETS)는 온실가스의 배출 감축을 위한 시장 기반 정책수단이다. 이 제도는 일반적으로 배출 총량 거래(Cap-and-Trade)원칙을 바탕으로 운영된다. 정부가 배출권 거래 대상 할당업체들에 대해 배출허용 총량(Cap)을 설정한다. 할당대상업체들은 정해진 배출허용 범위 내에서만 배출할 수 있는 권리, 즉 배출권을 부여받게 된다. 이러한 전 과정을 배출 총량 거래(Cap-and-Trade)라고 일컫는다.

탄소배출권 거래를 통해 얻을 수 있는 경제효과는 고전경제학파인 영국의 데이비드 리카도(David Ricardo)가 규명한 비교우위이론으로 설명할 수 있다. 비교우위이론은 두 국가가 있을 때, 각각 비교우위에 있는 제품을 더 많이 생산해 교환하는 것이 양국 모두에게 경제적 이득이 된다는 이론이다.

배출권 거래 역시 동일하다. 거래제도가 있는 경우와 없는 경우를 비교하면 쉽게 이해할 수 있다. A국, B국 모두 의무감축국으로 총배출량 100톤 중 20%의 감축 의무비율을 할당받았다고 가정하자.

A국, B국 각각 20톤씩 감축해야 하는 상황으로 A국의 이산화탄소 감축 비용은 톤당 10만 원, B국의 감축 비용은 톤당 7만 원이다. B국이 A국에 비해 탄소 감축 비용이 더욱 저렴한 상태로 비용 면에서 비교우위에 있다.

탄소배출권 거래가 없는 경우, A국의 총감축 비용은 200만 원(20톤×10만 원), B국의 총감축 비용은 140만 원(20톤×7만 원)으로 4톤의 이산화탄소 감축에 들어간 총비용은 340만 원이다. 하지만 비교우위의 B국이 추가적으로 10톤을 더 감축할 경우, A국은 10톤을 10만 원에 감축하고 나머지 10톤을 B국으로부터 8만 원에 구매하게 된다.

이때 A국의 감축비용은 180만 원(10톤×10만 원+10톤×8만 원)이 되고 B국의 비용은 130만 원(30톤×7만 원-10톤×8만 원)이 된다. 결과적으로 양국이 비교우위이론에 따라 탄소배출권 거래를 할 경우, 온실가스 감축량은 40톤으로 거래 전과 같지만 비용면에서 30만 원(340만 원-310만 원)을 절감할 수 있다.

국내 탄소배출권 시장은 '온실가스 배출권의 할당 및 거래에 관한 법률' 제22조에 따라 배출권 거래소로 한국거래소(KRX, Korea Exchange)가 지정되었다. 한국거래소는 2014년 1월 15일 배출권 거래소로 지정되었으며, 일련의 준비과정을 거쳐 2015년 1월 12일에 배출권 시장을 개장했다.

(1) 할당대상업체 지정

국내 탄소배출권거래제에 해당하는 할당업체들은 일정 기준 이상으로 온실가스를 배출하는 업체를 대상으로 지정된다.

· 최근 3년간 온실가스 배출량 연평균 총량이 125,000이산화탄소상당량(tCO2-eq) 이상인 업체
· 최근 3년간 온실가스 배출량 연평균 총량아 25,000이산화탄소상당량(tCO2-eq)이상인 사업장의 해당업체
· 계획 기간 중에 시설의 신설·변경·확장 등으로 인해 새롭게 앞의 두 가지 기준에 해당하게 된 업체(신규진입자)

(2) 거래 대상 온실가스

국내 배출권 시장에서 거래되는 온실가스는 6대 온실가스를 중심으로 이산화탄소상당량톤(tCO2-eq)으로 환산되어 거래된다. 6대 온실가스는 이산화탄소(CO2), 메탄(CH4), 아산화질소(N2O), 수소불화탄소(HFCs), 과불화탄소(PFCs), 육불화황(SF6)]이 해당된다.

(3) 거래 상품

매매 대상상품은 할당배출권(KAU, Korean Allowance Unit)과 상쇄배출권(KCU, Korean Credit Unit), 외부사업 인증실적(KOC, Korean Offset Credit)이 상장되어 거래되고 있다.

- 할당배출권(KAU, Korean Allowance Units) : 국가 온실가스 감축 목표를 달성하기 위해 설정된 온실가스 배출허용 총량의 범위에서 개별 온실가스 배출업체에 할당되는 온실가스 배출허용량이다.'온실가스 배출권의 할당 및 거래에 관한 법률'제12조에 따라 대상업체에 할당된다.
- 상쇄배출권(KCU, Korean Credit Units) : 외부사업 인증실적(KOC)을 배출권으로 전환한 것으로 1KOC는 1KCU로 전환해, 배출권 시장에서 거래가 가능하다. '온실가스 배출권의 할당 및 거래에 관한 법률' 제29조에 따라 외부사업 온실가스 감축량에서 전환된 배출권(i-KCU는 해외상쇄배출권)이다.
- 외부사업 인증실적(KOC, Korean Offset Credits) : 외부사업을 통해 발행된 온실가스 감축 크레딧으로 1KOC는 1이산화탄소 상당량톤에 해당된다. '온실가스 배출권의 할당 및 거래에 관한 법률'제30조에 따라 사업장 밖에서 국제적인 기준에 맞춰 온실가스를 감축, 흡수 또는 제거해 정부로부터 인증을 받은 감축 실적(i-KOC는 해외 외부사업 인증실적)이다.

(4) 거래 종목

매매거래 대상 상품의 종목은 이행연도별 할당배출권과 상쇄배출권, 외부사업 감축량이며, 2023년 3월 말 기준으로, 한국거래소(KRX)에 상장되어 거래되는 종목은 KAU22, KAU23, KAU24, KAU25, KCU22, KCU23, KOC21-23, KOC22-24, KOC23-25, i-KCU22, i-KCU23, i-KOC21-23, i-KOC22-24, i-KOC23-25 등이 있다.

(5) 호가 단위

호가는 상한가와 하한가(기준가격의 ± 10.0%) 이내의 가격으로 제출해야 한다. 호가당 제출하는 수량 한도(호가 수량 한도)는 100,000 배출권까지 가능하다. 호가의 제출은 매수의 경우는 계좌의 입금액 한도 내에서, 매도의 경우는 보유 중인 배출권 수량 한도 내에서 제출할 수 있다. 매매계약의 체결은 경쟁매매의 방법으로 하며, 경쟁매매는 단일가격에 의한 경쟁매매와 복수가격에 의한 경쟁매매로 구분된다.

(6) 거래 단위

매매거래의 최소단위는 1배출권이며, 1배출권은 온실가스 1이산화탄소상당량톤(1tCO2-eq)이며, 호가의 가격은 1배출권당 원화로 표시하고 호가의 가격 단위는 [자료 1-2]와 같다.

[자료 1-2] 탄소배출권 가격 수준 및 호가 단위

가격 수준	호가 단위
1,000원 미만	1원
1,000원 이상~5,000원 미만	5원
5,000원 이상~10,000원 미만	10원
10,000원 이상~50,000원 미만	50원
50,000원 이상~100,000원 미만	100원
100,000원 이상	500원

출처 : NAMU EnR 금융공학 & 리서치센터, KRX, GIR, MOE

2. 유연성 메커니즘

2015년 탄소배출권 시장이 개장된 이후, 가장 많은 제도적 변화를 보인 것으로 유연성 메커니즘 분야를 꼽을 수 있다. 유연성 메커니즘은 크게 이월, 차입, 상쇄, 조기 감축 실적으로 구분된다. 특히 이월과 차입은 탄소배출권제도 이행 및 배출권 수급에 직접적인 영향을 미치는 요인으로 이 여파는 가격등락으로 이어지게 된다.

이월제도의 경우 2015년 1월 탄소배출권거래제 시행 당시 배출권 잉여분에 대해 이행연도 간 또는 계획 기간 간 무제한 이월을 허용했다. 그러나 배출권 보유심리의 확산으로 수요우위가 심화하며 가격상승이 촉발되었다.

이에 따라 2017년 12월에 제1차 계획 기간 연평균 할당량의 10.0%에 2만 톤까지만 더해서 이월할 수 있도록 제도를 변경했다. 2018년

[자료 1-3] 탄소배출권거래제

구분	주요 내용
거래상품	할당배출권(KAU, Korean Allowance Unit) 상쇄배출권(KCU, Korean Credit Unit) 외부사업 감축실적(KOC, Korean Offset Credit)
거래시간	월~금, AM 10:00~12:00
시장 참가자	2022년 12월 말 기준 할당대상업체 726개사, 시장 조성자 7개사 등
수수료	거래수수료 : 거래대금의 0.08%, 청산수수료 : 거래대금의 0.02%
할당대상기준	최근 3년간 온실가스 배출량 연평균 125,000tCO2eq 이상인 업체 최근 3년간 온실가스 배출량 연평균 25,000tCO2eq 이상인 사업장
매매 단위	1배출권 = 이산화탄소 1톤 상당량(1tCO2eq)
과징금	과징금 산정 : 연물별 누적 가중 평균단가의 3배

출처 : NAMU EnR 금융공학 & 리서치센터, KRX, GIR, MOE

7월에는 제2차 계획 기간의 연평균 순매도량과 2.5만 톤(업체 기준) 중 큰 값으로 기준을 바꿨다. 가장 최근에는 이행 기간 내에도 순매도량을 기준으로 이월제한 조치를 단행했다.

차입의 경우도 탄소배출권거래제 도입 초반에는 제출해야 하는 인증량의 10.0%에서 2016년 5월에는 인증량의 20.0%로 확대했다. 2017년 8월에는 인증량의 15%로 축소했다(상쇄 부문은 인증량의 10.0%(국내 5.0%, 해외 5.0%)에서 제3차 계획 기간에는 인증량의 국내외 무관 5.0%로 축소).

이월 및 차입 한도의 변경은 수급개선을 목적으로 단행됨에 따라 가격등락의 변동성을 확대되었다. 특히 계획 기간이 운영되는 동안의 제도 변경은 시장 참여자들에게 큰 혼란을 초래했다.

3. 탄소배출권 시장 안정화 조치 MSR, Market Stability Reserve

시장 안정화를 위한 보유물량은 추가 할당 및 배출권 시장의 유동성 관리 등을 위해 계획 기간 배출권 총수량의 일정 부분을 할당하지 않는다. 정부가 보유하는 배출권(온실가스 배출권의 할당 및 거래에 관한 법률 제18조)으로 정부 보유 예비분은 다음 3가지 용도로 쓰인다.

첫째, 신규진입자 및 자발적 참여업체에 대한 할당(법 제8조 및 제9조), 둘째, 신청에 의한 추가할당 등(영 제21조), 셋째, 배출권 거래시장 안정화를 위한 유상 할당(법 제23조 제2항 제1호)으로 분류되어 예비분이 구성되어 있다.

탄소배출권 시장 안정화를 위한 조치 기준을 살펴보면 다음과 같다.

- · 배출권 가격이 6개월 연속으로 직전 2개 연도의 평균 가격보다 3배 이상으로 높게 형성될 경우
- · 최근 1개월의 평균 거래량이 직전 2개 연도의 같은 월평균 거래량 중 많은 경우보다 2배 이상 증가하고, 최근 1개월의 배출권 평균 가격이 직전 2개 연도의 배출권 평균 가격보다 2배 이상 높은 경우
- · 최근 1개월의 배출권 평균 가격이 직전 2개 연도의 배출권 평균 가격보다 100분의 60 이상 낮은 경우
- · 할당대상업체가 보유하고 있는 배출권을 매매하지 아니하는 사

유 등으로 배출권 거래 시장에서 거래되는 배출권의 공급이 수요보다 현저하게 부족해 할당대상업체 간 배출권 거래가 어려운 경우

탄소배출권 시장 개장 이후 시장 안정화 조치는 개입 요건 중 '탄소배출권 공급이 수요보다 현저히 부족해 거래가 어려운 경우'에 따라 2016년 6월에 27만 3,908톤(KAU 15년물), 2018년 6월에는 466만 톤(KAU 17년물)이 공급되었다.

탄소배출권 시장 안정화 조치 중 보완 제도로는 최저거래가격제도를 마련하고 있다. 배출권거래법 제23조 제1항 및 시행령 제38조에 따라 최근 1개월 평균 가격이 톤당 17,438원(직전 2개년도 평균 가격의 0.6배) 이하로 5일 연속 유지될 경우 최저거래가격을 설정하는 시장 안정화 조항에 따라 2021년 4월 19일, 최저거래가격은 톤당 12,900원으로 설정되었다. 가격 반등으로 해제된 이후 2021년 6월 25일, 톤당 9,450원에 2차 최저거래가격제도가 발동되었다.

국내 탄소배출권 시장은 유동성 공급을 위한 조치로 '이월제한 및 시장 조성자 제도'를 운용하고 있다. 이로 인해 시장 안정화 조치는 유명무실한 제도로 인식되고 있다,

시장 안정화 조치가 발동되기 위해서는 거래량 조건과 가격조건을 충족시켜야 하는데, 현행 기준상 현실적으로 발동될 가능성은 아주 낮다. 또한, 기준가격에 대한 배수는 3배, 2배, 0.6배로 가격상승

온실가스 배출권 거래 시장 안정화 조치 세부방안

'온실가스 배출권의 할당 및 거래에 관한 법률' 제23조 및 같은 법 시행령 제38조에 따라 배출권 할당위원회에서 심의해 의결한 2020년 온실가스 배출권에 대한 시장 안정화 조치 세부방안을 2021년 4월 16일 다음과 같이 공고했다.

1. 조치내용 : 2020년 온실가스 배출권 최저거래가격 설정

- 적용시점 : 최저거래가격 설정 요건* 5일 연속 유지 시 익일 적용
  * '배출권거래법' 제23조 제1항 및 시행령 제38조에 따라 최근 1개월 평균 가격이 17,438원/톤 이하가 된 경우
- 설정 가격 : 최저거래가격 설정 요건이 유지되는 5일 중 최저가격(종가)에 가격제한폭(10%)을 적용한 가격을 최저거래가격으로 설정
- 종료 : 조치일로부터 1개월까지 유지하되, 배출권 가격이 설정 가격보다 10% 높은 수준이 5일 이상 유지되는 경우 익일 종료
- 추가조치 : 시장 안정화 조치 종료 이후에 배출권 가격이 금번에 설정된 최저가격 이하로 5일 이상 지속되는 경우, 해당 5일 중 최저가격(종가, 미정)에 가격제한폭 10% 적용해 최저거래가격 재설정

2. 조치 사유 : 온실가스 배출권 가격의 지속적인 하락으로 '온실가스 배출권의 할당 및 거래에 관한 법률' 제23조 및 제38조에 따른 시장 안정화 조치 요건 충족, 할당위원회 심의 결과에 따라 시장 안정화 조치 시행

을 용인하는 기준으로 설정되어 있다.

탄소배출권 시장 개장 이후 배출권 물량 부족 시 정부가 보유하고 있는 예비분을 공급하는 시장 안정화 조치가 단행되었다. 하지만 이후 배출권 과잉에 따른 가격하락 시에는 물량을 흡수하는 조치는 단행되지 않고 있다.

4. 유상할당과 경매 시장

제2차 계획 기간 중 유상할당을 위해 2019년 1월 23일, 경매 시장을 개장했다. 경매 시장은 유상할당 업종을 대상으로 제2차 계획 기간에는 할당량의 97.0%를 무상할당했다. 이후 나머지 3.0%는 경매를 통해 유상으로 매입하도록 제도를 운용했다.

유·무상 할당 업종에 대한 선정기준은 무역집약도와 생산비용 발생도를 기준으로 한다. △생산비용 발생도 5.0% 이상, 무역집약도 10.0% 이상, △생산비용 발생도 30.0% 이상, △무역집약도 30.0% 이상으로 이 중 한 가지 조건만 충족되면 무상으로 100.0% 할당한다. 나머지 업종은 유상할당 대상이 된다.

$$\text{무역집약도} = \frac{\text{해당 업종의 연평균 수출액} + \text{해당 업종의 연평균 수입액}}{\text{해당 업종의 연평균 매출액} + \text{해당 업종의 연평균 수입액}}$$

$$\text{생산비용 발생도} = \frac{\text{해당 업종의 연평균 온실가스 배출량 TIMES 배출권 가격}}{\text{해당 업종의 연평균 부가가치 생산액}}$$

제3차 계획 기간(2021~2025년)은 온실가스 배출량의 비중이 제2차 계획 기간(2018~2020년) 70.2%에서 73.5%로 증가하고 교통, 건설 업종 등이 추가되었다. 적용 대상도 62개 업종, 589개 업체에서 69개 업종, 685개 업체로 확대됐다. 제3차 계획 기간 유상할당 비중은 3.0%에서 10.0%로 상향조정되어 할당되었다.

69개 업종 중 41개 업종에 대해 90.0%는 무상으로 할당한다. 나머지 10.0% 물량은 경매 등을 통해 유상으로 할당한다. 다만, 2020년 8월 개정된 '온실가스 배출권의 할당 및 거래에 관한 법률' 시행령에 따라 28개 업종(△ 무역집약도×비용발생도≥0.002(0.2%), △ 지방자치단체, 학교, 병원, 대중교통 운영자에 해당하는 업체)에 대해서는 100.0%를 무상으로 할당한다.

경매 시장 도입에 대한 기대 효과로는 첫째 연료전환 비용 관점하에서 가격발견 기능이 있다. 둘째, 수급불균형을 해소할 수 있는 유동성 공급 기능이 있다. 셋째, 최저낙찰가 방식에 따른 탄소배출권 가격 변동성 축소 기능이 있으며, 넷째, 다수의 경매 참여로 시장 투명성을 강화할 수 있다. 다섯째, 글로벌 스탠더드에 부합하며, 마지막 여섯 째로는 경매 수익금의 재투자를 꼽을 수 있다.

경매 시장은 2023년 3월 말 기준, 낙찰물량은 KAU 18년물 465만 톤, KAU 19년물 855만 톤, KAU 20년물 322만 톤, KAU 21년물 1,469만 톤, KAU 22년물 1,181만 톤으로 누적 응찰율은 80.1%, 누적 낙찰율 66.8%를 보인다. 유상할당 경매 시장은 매월 두 번째 수요일, 오후 1시부터 2시까지이며, 낙찰기준은 더치(Dutch) 방식(최저낙찰가 단일가격 낙찰방식)으로 운영된다.

낙찰방식은 업체별 유효 응찰 수량의 총합이 해당일 입찰 수량 이상일 경우, 낙찰대상업체가 제시한 응찰가격 중 최저가격을 낙찰가격으로 결정하는 방법이 있다. 유효 응찰 수량의 총합이 해당일 입찰

수량에 미달할 때는 낙찰하한가가 낙찰가격으로 결정된다.

경매 가격이 최저가 낙찰 또는 낙찰하한가로 결정됨에 따라 시장 가격 대비 일정한 폭으로 할인된 가격으로 공급된다는 점에서 경매 시장이 과열될 가능성이 크다. 또한, 업체별 낙찰한도에 있어 낙찰수량은 해당 입찰예정일 입찰수량의 15.0~30.0% 이내로 제한함에 따라 참여자 수 제한과 함께 가격담합의 우려도 존재한다.

예를 들면 입찰 수량이 55만 톤이면 낙찰한도 30.0% 제한에 따라 3개사가 각각 16만 5,000톤을, 1개사가 나머지 5만 5,000톤으로 참여할 경우 총 4개사가 경매 물량 전체를 낙찰받게 된다.

지난 2023년 3월 16일에는 공급우위 시 낙찰가격이 낙찰하한가로 결정됨에 따라 추가적인 가격하락을 방어하는 기능을 했으나 오

[자료 1-4] 유상할당 경매 제도

구분	주요 내용
대상상품	할당배출권(KAU, Korean Allowance Unit)
경매 참가자	유상할당 대상 업종에 포함된 업체
입찰방식	더치 경매 방식(응찰가격 중 가장 낮은 단일가격)
입찰시간	매월 둘째 주 수요일 PM 13:00~14:00
입찰방법	한국거래소 호가 입력 프로그램
낙찰수량 한도	입찰 수량의 15.0%~30.0%
낙찰수량 배분	높은 응찰 가격순으로 낙찰물량 배분
낙찰가격 결정	낙찰수량 중 최저낙찰가(단, 낙찰하한가 이상)

출처 : NAMU EnR 금융공학 & 리서치센터, KRX, MOE

히려 현물시장에서 매도와 경매 시장에서 매입하는 매도차익거래를 제공하는 계기를 제공했다. 이런 문제점을 방지하려고 낙찰하한가 이상에서 형성된 유효 응찰가격 중 최저가를 낙찰가격으로 결정하는 규정(안) 발표했다. 변경이 입법예고된 상황이다.

탄소배출권거래제 대응사례

 # 상황 시나리오

- 2017년 6월 10일, 탄소배출권거래제 참여 대상 기업 D사
- 탄소배출권거래제 참여 대상 기업, 2017년 6월 30일까지 2016년 탄소배출권 할당분 정부 제출 마감
- D사, 제출해야 할 2016년 할당 탄소배출권 20만 톤 부족
  → 2017년 탄소배출권 20만 톤을 차입해서 미리 사용하거나 배출권 구입(매입)
- 2017년 6월 10일 기준, 탄소배출권 가격은 톤당 23,000원에 거래

 # 대응 전략

- D사 김편해 과장, 2017년 하반기 탄소배출권거래제의 불확실성 고조
- 가격급락 시, 2017년물 차입해 2016년 부족분을 채운 뒤 (가격급락 후) 2017년물 매입하면 배출권 가격하락 폭만큼 비용 절감 효과 가능
  2017년 12월 20일, 가격 톤당 17,000원으로 하락 후 매입한다면 톤당 6,000원(23,000원-17,000원), 총 12억 원(20만 톤분) 비용 절감 가능

· 김 과장의 선택

경기회복과 할당량 축소로 배출권 가격상승을 전망, 배출권 매입 대응으로 결정
2016년 부족분 20만 톤 탄소배출권 46억 원(20만 톤×23,000원)에 매입해 2017년 6월 30일 정부 제출 완료

· 결과

2017년 12월 20일, 공급우위로 인해 탄소배출권 가격은 톤당 17,000원으로 하락
김 과장, 12억 원 비용 절감 기회 상실
2018년 정부 제출해야 할 2017년 부족분 대응에 대한 고민

03

유럽 탄소배출권 시장 비교

유럽 탄소배출권 시장은 2005년 개장한 이후 18년 차를 맞이하고 있다. 2020년 말 기준의 거래량은 800만 톤으로, 글로벌 탄소배출권 시장에서 유럽 탄소배출권 시장의 거래량은 79.1%를 차지하고 있다. 배출권 가격은 톤당 24.8유로에 거래되고 있다. 한편 국내 탄소배출권 시장은 4,400만 톤으로 글로벌 탄소배출권 시장에서 0.4%의 비중을 차지하고 있다.

2022년 10월, 정부의 발표에 따르면 국가 온실가스 감축 목표(NDC)는 2030년까지 2018년 대비 40.0% 온실가스 배출량을 감축하고 2050년에는 탄소 중립을 달성하는 것이다. 이를 위해 전환 부문은 2018년 269,600만 톤에서 2030년에 149,900만 톤으로 44.4% 감축을 목표로 하고 있다. 산업 부문 또한 260,500만 톤에서 222,600만 톤으로 14.5% 감축 목표를 밝혔다.

1. 온실가스 감축 목표

한국과 EU의 온실가스 감축 목표 경로는 매우 상이한 상태다. EU 지역은 2030년까지 1990년 대비 55%를 감축하는'유럽 Fit for 55법안'을 발표했고 2050년 탄소 중립 달성을 위한 목표를 세웠다.

이를 위해 원전 및 천연가스를 친환경 에너지로 분류하는'유럽 녹색분류체계(Green Taxonomy)'를 새롭게 정립했다. 최근에는 EU 역내로 수입되는 제품 중 역내 기준보다 배출량이 많은 수입제품에 비용을 부담시키는 '탄소국경조정메커니즘(CBAM, Carbon Border Adjustment Mechanism)'을 도입하는 등 자국산업 보호에 주력하고 있다.

한편 국내 온실가스 감축을 위해 '2050 탄소 중립 시나리오안'과 '2030 국가 온실가스 감축목표(NDC) 상향안'에 구체적 내용을 제시했다. '탄소중립기본법'의 입법 취지와 국제동향 및 국내 여건을 감안해 2018년 배출량 대비 2030년까지 국가 온실가스 감축 배출량을 40% 감축하는 목표를 수립했다.

한국과 EU 지역의 감축 목표 수립에 있어 주목해야 할 점은 과거의 온실가스 배출량 추세다. 유럽의 경우 1990년과 대비해 온실가스 배출량이 안정적으로 감소하는 추세에서 2050 감축 목표를 제시했다. 국내 온실가스 감축 목표는 1990년 이후 2018년까지 줄곧 배출량이 증가하는 추세였음에도 2018년부터 추세에 반하는 역추세 목표가 수립되었다. 그러므로 유럽과 달리 추세 반전을 위해서는 상당한 감축 노력과 재정적 지원이 필요한 상황이다.

2. 탄소배출권 시장 성과지표

(1) 장내외 매매 비중

대부분의 매매는 장내 시장과 장외 시장으로 구분된다. 정상적인 시장에서는 장내 시장을 통해 거래하는 것이 일반적이다.

2020년 기준으로 유럽 탄소배출권 시장은 장내거래가 86.6%, 장외거래가 4.1%를 보였다. 반면, 한국 탄소배출권 시장은 장내거래가 29.1%, 장외거래가 52.4%로 장외거래 비중이 비정상적으로 높다.

국내 탄소배출권 시장에서 장외거래가 높은 이유는 첫째 대량거래가 가능하며, 둘째 매매가격의 협상이 자유롭고, 셋째 거래 내역이 미공개된다는 점이다. 그러나 시장 효율성 면에서 장외거래는 거래의 불투명성과 불공정 거래의 가능성이 존재하므로 장내거래 의무화로 장내거래 활성화와 유동성 보강 및 매매 회전율을 높여야 한다.

[자료 1-5] 국내 탄소배출권 시장 장내외 누적매매 비중

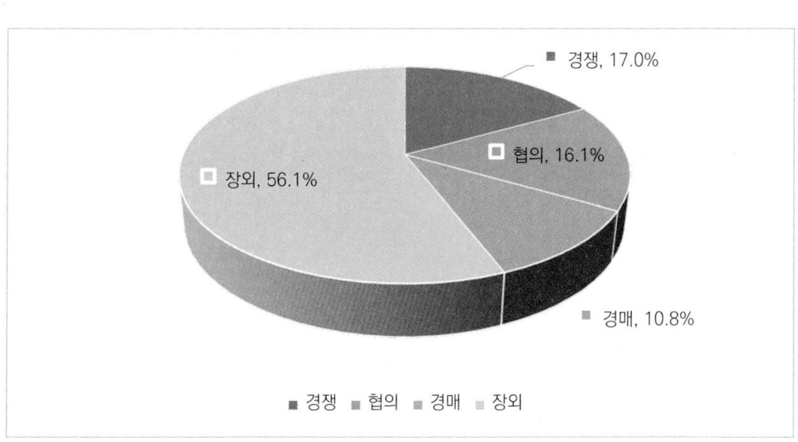

출처 : NAMU EnR 금융공학 & 리서치센터, GIR, MOE

(2) 유상할당 경매 수익

유럽 탄소배출권 시장은 2005년 개장 당시 무상할당으로 출범한 뒤 시범 기간을 거쳐 2008년부터 유상할당을 시작했다. 2022년 현재 57.0%(발전업종 100.0% 유상)의 유상할당 비중을 보인다. 누적 경매 수익금은 원화 환산으로 28조 원에 달한다. 이를 재원으로 다양한 온실가스 감축 프로젝트에 재투자하는 사업을 지원하고 있다.

2015년 1월에 개장한 국내 탄소배출권 시장은 3차 계획 기간을 거치면서 시장 안정화를 위해 유상 물량공급을 진행했다. 2019년 1월부터 유상 경매 시장도 운영하고 있다. 누적 경매 수익금은 2023년 3월 말 기준으로 1조 2,272억 원에 달하고 있다(제1차 계획 기간의 시장 안정화 물량공급에 따른 경매 수익금은 1,093억 원, 제2차 계획 기간에 시행한 유상할당의 경매 수익금은 1조 1,179억 원). 할당대상업체들

[자료 1-6] 국내 유상할당 경매 시장 낙찰가격 및 낙찰물량 현황

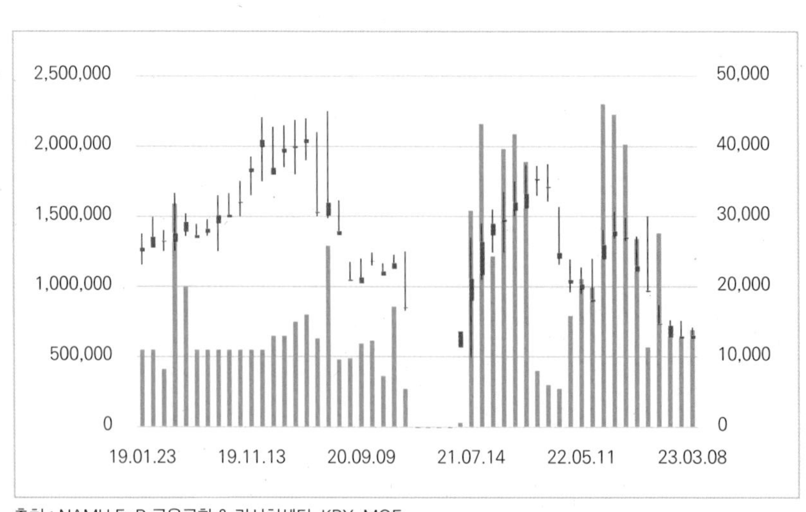

출처 : NAMU EnR 금융공학 & 리서치센터, KRX, MOE

의 시장 참여로 마련된 수익금인 만큼 온실가스 다배출 업종을 대상으로 온실가스 감축 사업을 적극적으로 지원해야 한다.

(3) 연간 변동성

시장 위험(Market Risk)을 측정하는 대표적인 지표로 변동성을 꼽을 수 있다. 일별 수익률을 추정한 후 20일 이동 평균 표준편차를 구한다. 연율화 과정을 거쳐 연간 변동성을 추정한다. 연간 변동성 +/-35.0% 의미는 연간 가격 움직임의 크기로 해석된다. 예를 들면 현재 탄소배출권 가격이 톤당 25,000원이고 연간 변동성이 +35.0%이면 33,750원이 된다. 연간 변동성 -35.0%인 경우 16,250원이 되어 1년 동안 배출권 가격 움직임 밴드를 의미한다.

일별 데이터를 이용해 조건부 이분산(GARCH) 모형을 통해 추정한 결과, 유럽 탄소배출권 시장의 장기 연간 평균 변동성은 45.9%다. 한국 탄소배출권 시장의 장기 연간 변동성은 45.8%로 유사한 수준을 보인다. 그러나 일별 기준이면 한국 탄소배출권 시장은 정책당국의 잦은 시장 개입과 제도의 변경으로 변동성이 확대되는 국면이 자주 발생하고 있다.

(4) 샤프 레이쇼

투자자 관점에서 투자 여부를 결정짓는 지표 중 샤프 레이쇼가 많이 사용된다. 샤프 레이쇼는 투자하고자 하는 대상 시장의 수익률에서 무위험 이자율을 차감한 뒤 변동성(위험)으로 나눈 성과지표다.

통상 샤프 레이쇼를 추정하기 위해서는 수익률과 변동성을 각각 연율화해 추정한다.

$$샤프\ 레이쇼 = \frac{연간수익률 - 무위험이자율}{연간변동성}$$

한국-EU 탄소배출권 시장의 샤프 레이쇼 측정을 위해 월간 데이터를 기준으로 2015년 1월부터 2022년 8월까지 추정한 결과, 유럽 탄소배출권 시장의 연간 수익률은 39.4%, 연간 변동성은 36.3%, 샤프 레이쇼 값은 1.0868로 추정되었다.

한국 탄소배출권 시장은 연간 수익률은 15.15%, 연간 변동성은 38.5%, 샤프 레이쇼 값은 0.3920으로 추정되었다. 동일 기간 한국-EU 시장에서 연간 변동성은 비슷한 수준을 보인 반면 연간 수익률은 유럽 탄소배출권 수익률이 한국 탄소배출권 수익률 대비 2배 이상 높은 양호한 실적을 보였다.

3. 수급분석

(1) 할당량과 인증량

탄소배출권 시장도 여타 시장과 마찬가지로 수요와 공급으로 가격이 결정되는 시장이다. 탄소배출권 시장에서 가장 대표적인 공급요인은 할당량이며, 수요요인은 탄소배출량인 인증량이 이에 해당한다. 할당량은 정책당국의 온실가스 감축 목표에 따라서 결정됨에 따라 비탄력적인 공급곡선의 형태를 띠게 되지만 수요곡선은 기업의 경영활동에 따라 배출량이 결정되면서 배출권 가격에 민감한 우하향 형태의 곡선을 보인다.

탄소배출권 시장에서 효율적인 할당 여부를 판단하는 E-to-Cap Ratio(=할당량/인증량)는 유럽 시장의 경우 2008년 리먼 사태, 2013년 유로 재정위기를 거치면서 E-to-Cap Ratio는 1.0 초과(과잉할당)하면서 배출권 가격이 급락하는 경험을 했다. 이후 수급개선을 위한 다양한 시장 안정화 조치(MSR)들을 마련해 운영되고 있다.

반면에 국내 탄소배출권 시장의 E-to-Cap Ratio는 1.0수준으로 수급 면에서 균형수준을 보여 유럽 탄소배출권 시장보다 할당은 효율적으로 잘 이루어지고 있다. 또한, 유상 경매 시장의 공급물량 조절로도 수급 불균형을 해소하고 있다.

(2) 시장 안정화 조치

탄소배출권 시장은 시장 실패의 가능성이 높은 대표적인 시장이다. 그러므로 이를 방지하기 위해서는 다양한 제도적 뒷받침이 필요하며 가장 대표적인 조치로는 시장 안정화 장치가 필요하다. 시장 안정화 조치는 물량 통제와 가격 통제로 나누어서 이루어진다.

유럽 탄소배출권은 과잉할당에 대한 조치로 9억 톤의 백로딩(배출권 흡수) 정책을 펼친 이후 유통물량을 통제하는 시장 안정화 조치를 새롭게 도입했다. 이 조치는 유통물량의 상한은 8.3억 톤, 하한은 4억 톤의 범위를 벗어났을 때 발동된다.

상한 초과 시 유통물량의 24.0%에 해당하는 배출권을 정책당국이 흡수하고 반대로 하한을 벗어나 낮게 유통되는 경우는 2억 톤을 공급하는 조치를 단행한다. 한편, 국내 탄소배출권 시장 안정화 조치는 지난 2년 거래량 가중평균한 기준가격에 2배, 3배의 상한과 기준가격의 0.6배를 한 하한을 마련했으나 상징적인 차원에서만 운영되고 있다.

(3) 이월 정책

탄소배출권 시장에서 이월, 차입, 상쇄, 조기 감축 실적인정 등의 제도는 대표적인 유연성 메커니즘이다. 이들 제도는 탄소배출권 시장의 수급뿐만 아니라 배출권 가격에도 직접적인 영향을 주는 만큼 매우 신중하게 다루어야 하는 제도다. 대표적인 사례가 유럽 탄소배출권 제1차 계획 기간(2005~2007년) 동안 이월금지 조치로 탄소배출권 가격이 제로(0)가 되는 경우도 발생했다. 이러한 유연성 메커니즘은 탄소배출권 공급곡선에 직접적인 영향을 미치므로 가격 탄력성이 큰 조치다.

일반적으로 유상할당의 비중이 높은 경우 무제한 이월을 허용하고 있다. 유럽 탄소배출권 시장은 유상할당 비중을 증가시키면서 이월 제한 조치도 완화하는 정책을 펼치고 있다. 유럽 탄소배출권 시장은

2032년에 무상할당 완전폐지를 목표로 하고 있다. 국내 탄소배출권 시장의 유상할당 비율이 10.0% 수준에 머무르고 있어 글로벌 스탠더드 수준에 부합하도록 유상할당 비율을 높여야 한다.

(4) 연료 전환가격

탄소배출권 시장은 전력시장과 매우 밀접한 관계를 보인다. 발전부문은 탄소배출권 시장에서 전체 배출량의 49.5%를 차지하는 핵심 배출업종으로, 전력생산 방식의 변화에 따라 탄소배출권 수요변화 및 배출권 가격등락에 영향을 미치게 된다. 전력회사들은 화석연료 가격수준, 에너지원별 효율 계수 및 탄소배출 계수 등을 고려해서 급전 방식의 우선순위인 메리트 오더(Merit Order)를 정한다. 탄소배출권거래제 도입 이전의 메리트 오더는 석탄, 가스 순이었다.

탄소배출권거래제 도입 이후에는 탄소배출권 가격반영으로 가스, 석탄 순으로 메리트 오더 순위가 바뀌게 된다. 이처럼 탄소배출권 적정 이론가격은 석탄발전과 가스발전에 있어 급전 우선순위인 메리트 오더가 사라지도록 하는 탄소배출권 가격수준이 석탄과 가스 간 연료전환가격이다.

예를 들면 천연가스가격이 100, 석탄가격이 70인 경우 탄소배출권 적정가격이 30이 되면 메리트 오더인 급전 우선 순서는 같아진다[0=100-(70+30)]. 유럽 탄소배출권 시장은 석탄가격 및 가스가격에 연동되면 적정 연료전환가격과 탄소배출권 가격 간의 동조화 움직임이 강하다. 하지만 한국의 경우 연료가격 수준과는 동떨어진 움직임을 보여 전력시장의 개편이 시급한 상황이다.

(5) 탄소배출권 가격 동조화 여부

유럽 탄소배출권 시장과 국내 탄소배출권 시장 간의 가격 동조화는 여러 측면에서 의미가 있다. 투자자 입장에서는 대안 투자 시장으로서의 의미가 있다. 할당대상업체로서는 시장 연계 가능성 및 교차 헤징 차원에서 동조화를 살펴봐야 한다. 특히 최근 주목받고 있는 유럽 탄소 국경조정 메커니즘은 장기적으로 한국-EU 시장이 연계될 개연성을 엿볼 수 있는 대목이다.

유럽과 국내 탄소배출권 시장은 시장 참여자, 에너지 시장 구조, 정책 및 제도 면에서 매우 다른 점이 많다. 특히 이행 기간을 거치면

[자료 1-7] 한-EU 탄소배출권 시장 운영성과 비교

구분	유럽 탄소배출권 시장	한국 탄소배출권 시장
온실가스 감축경로	추세 순응	추세 역행
세계 시장 점유율	2020년 79.1%	2020년 0.4%
매매 회전율	2020년 80.0%	2020년 7.8%
경매 수익금	누적 기준, 28조 원	누적 기준, 1.1조 원
샤프 레이쇼(%)	누적 기준, 1.09	누적 기준, 0.39
시장 안정화 조치	준칙	정부 재량
매매 비중	장내거래 86.6%	장내거래 29.1%
이월제한	무제한	제한
유상할당	57.0%	10.0%

출처 : NAMU EnR 금융공학 & 리서치센터, KRX, GIR, MOE, EU 집행위원회

서 제도 및 정책상 시행착오와 이에 따른 부작용을 최소화하면서 양 시장의 간극은 확대되었다.

그 결과 2015년 1월 12일 대비 2022년 9월 말 현재, 유럽 탄소배출권 가격은 1,304.1% 상승률을 보인 반면 국내 탄소배출권 가격은 112.9% 상승에 그쳤다. 유럽과 국내 탄소배출권 시장은 전혀 다른 움직임을 보여 가격 동조화는 기대하기 어려운 상황이다.

Part 02

탄소배출권 수급분석 및 가격결정

탄소배출권거래제는 기본적으로 시장 메커니즘을 이용해 온실가스를 줄이는 감축 옵션 중에 하나다. 시장 메커니즘은 탄소배출권의 시장 논리를 기반으로 한다. 여타 금융 시장과 마찬가지로 탄소배출권 시장 또한 수급의 논리로 탄소배출권 가격이 결정되는 구조다.

탄소배출권 시장은 국가 온실가스 감축 정책과 제도에 의해 만들어진 시장으로 시장실패를 방지하기 위해 다양한 보완장치들이 마련되어 운영되고 있다. 탄소배출권 수급에 있어 핵심은 할당량과 인증량이다. 탄소배출권 공급은 할당량에 해당하고 탄소배출권 수요는 인증량에 해당한다.

국가 온실가스 감축 목표에 따라 공급곡선에 해당하는 할당량은 수직선에 가깝고 수요곡선인 인증량은 우하향하는 형태를 보임에 따라 탄소배출권 가격 탄력성은 매우 높고 이로 인해 탄소배출권 가격 변동성 또한 매우 크다.

본 장에서는 탄소배출권 시장 관점에서 다양한 수요 요인과 공급 요인들을 살펴보고 더 나아가 에너지 포트폴리오 라인의 연장 선상에서 탄소배출권 시장과 에너지 시장 간의 연결고리를 파악해 더욱 합리적인 탄소배출권 가격결정 방법론을 찾고자 한다.

01

수요 요인

1. 에너지가격

탄소배출권은 대표적인 화석연료 사용에 대한 부산물로 천연가스와 석탄 간 가격에 의해서 탄소배출권의 가격수준이 결정된다. 탄소배출권 시장에서 전력회사가 차지하는 비중은 유럽의 경우 60.0%, 우리나라는 45.0%로 높은 비중을 차지하고 있다. 석탄발전과 가스발전 간에 선택에 있어 에너지가격수준은 매우 중요하다.

석탄가격은 천연가스가격보다 저렴해서 일반적으로 석탄발전 방식을 선택하게 된다. 그러나 온실가스 감축 정책에 따라 배출허용치가 강제될 경우 탄소배출권 가격수준을 감안해 발전방식을 결정해야 한다.

즉, 천연가스가격이 높으면 전력회사들이 석탄을 이용하게 된다. 이는 탄소배출권 수요가 증가해 탄소배출권 가격이 상승하게 된다. 반대로 천연가스가격이 석탄가격 대비 낮게 형성되면 탄소배출권 수요감소는 탄소배출권 가격하락으로 이어지는 결과를 낳는다.

따라서 전력회사들은 화석연료 가격수준에 탄소배출권 가격을 감안해서 전력을 생산, 공급하게 된다. 이런 탄소배출권 가격은 석탄과 천연가스 선택에 있어 무차별해지는 가격으로 전환가격(Fuel Switching Price)이 된다.

2. 기후변화

기후 요인 역시 에너지가격수준과 같이 단기적으로 탄소배출권 가격에 영향을 미치는 요인이다. 불볕더위의 경우 냉방수요가 증가해 전력수요가 증가하게 되면, 에너지 사용량의 증가로 탄소배출량이 증가하게 된다.

또한, 혹한도 난방수요 증가는 전력수요의 증가로 이어짐에 따라 탄소배출권의 수요 증가 시 배출권 가격상승으로 이어지게 된다. 또한, 강수량 및 풍량의 경우 신재생에너지 발전에 영향을 미치게 된다. 풍부한 강수량(풍량)은 수력발전의 증가하면 배출권 수요가 감소해 탄소배출권 가격을 하락시킨다.

3. 경기 펀더멘털

경기호황 또는 불황의 경우, 에너지 사용 증가와 감소로 직결됨에 따라 탄소배출권 가격에 영향을 미치게 된다. 경기호황 및 불황과 관련한 거시경제변수는 종합주가지수, GDP 증가율 및 물가 등에 의해서 판단된다.

가장 핵심적인 지표인 정책금리 수준이 경기 상황을 판단하는 데 매우 중요한 지표가 된다. 경기 호황기에는 수출 및 생산의 증가로 에너지 사용량이 증가하면서 배출권 수요 증가가 배출권의 가격상승으로 이어지게 된다. 또한, 금리 수준은 온실가스 감축 프로젝트의 원가인 한계감축 비용에도 정(+)의 영향을 끼친다.

4. 온실가스 감축 기술 진보

온실가스 감축 기술에 대한 진보 및 저탄소기술이 도입될 경우 동일한 경제성장을 하더라도 탄소배출량은 줄어들게 된다. 탄소배출권 수요감소는 탄소배출권 가격하락으로 이어진다. 에너지 효율을 높일 수 있는 다양한 기술개발과 생산 공정은 중장기 관점하에서 탄소배출권 가격하락 요인이 된다.

5. 온실가스 한계감축 비용

한계감축 비용(MAC, Marginal Abatement Cost)은 온실가스 감축 프로젝트를 통해 온실가스 1단위를 줄이는 데 소요되는 투자 비용(±MAC=±NPV/CO2 감축량)으로 정의된다. 또한, 이들 온실가스 감축 프로젝트들의 포트폴리오는 수요곡선으로 해석할 수 있다. 순 현재가치(NPV, Net Present Value)는 각종 감축 프로젝트들에 대해서 현재의 금리 수준으로 평가한 값이다. 평가 시점에서 시중금리가 상승할 경우 MAC는 상승하고 반대로 금리가 하락하면 MAC는 하락한다.

[자료 2-1] 탄소배출권 수요요인

구분	가격 영향	반영 기간
할당량(공급) < 인증량(수요)	상승	중기
에너지가격 상승	상승	단기
기후변화(혹한, 폭염)	상승	단기
경기 펀더멘털(호황)	상승	중기
한계감축비용(증가)	상승	장기

출처 : NAMU EnR 금융공학 & 리서치센터

탄소배출권 시장에서 한계저감비용의 중요성

한계저감비용곡선(MACC, Marginal Abatement Cost Curve)은 배출권 할당 및 감축량 목표 수립에 있어서 객관적인 감축비용 구조를 제공함에 따라 EU지역에서는 온실가스저감을 위한 일반화된 분석 도구로 널리 활용되고 있다. 따라서 국가, 산업, 업체별로 구축되어 있다.

한계저감비용이란 온실가스 1톤을 줄이는 데 드는 비용으로 감축에 필요한 운영비 및 설비비를 말한다. 온실가스를 줄이기 위해 전력생산을 줄인다면 손실분에 대한 기회비용이기도 하다. 간단하게는 저감기술의 투자 비용을 온실가스 감축 효과로 나누면 한계저감비용을 구할 수 있다.

한계저감비용(MAC)는 감축 프로젝트들에 대한 투자 비용과 유지보수 비용 및 기회비용까지 고려한 현금흐름에 대해서 일정 시점의 할인율로 현재가치화해 분자 항목을 구성한다. 분모는 온실가스저감프로젝트를 통해서 감축할 수 있는 온실가스 감축량을 산정해 한계저감비용을 계산한다.

한계저감비용곡선(MACC) 분석에서 세로축은 감축 프로젝트들의 단위당 저감 비용을 의미하며 가로축은 해당 프로젝트들의 온실가스 감축량을 의미한다. 한계저감비용 분석에 있어 음(-)의 한계저감비용은 감축을 통해서 수익이 발생하는 프로젝트들을 의미하고 양(+)의 한계저감비용은 감축량을 달성하기 위해서는 비용이 수반되는 프로젝트들을 의미한다.

이처럼 해당 감축 프로젝트를 효율적으로 진행하기 위해서는 각 프로젝트의 한계저감비용 추정은 물론 탄소배출권의 시장가격을 고정해야 한다. 변동가격인 탄소배출권 시장가격은 탄소배출권 선도매도거래, 선물매도거래 및 풋옵션 매입거래를 통해 고정가격으로의 전환이 가능하다.

이처럼 탄소배출권 가격과 연동되는 한계저감비용 구조상 활용방안과 필요성을 정리하면 다음과 같다.

첫째, 온실가스 저감을 위한 프로젝트들에 대해서 비용구조의 분석이 가능하다. 즉, 감축을 위한 단위당 비용과 감축량을 통해서 감축 수익과 감축 비용 분석이 가능하다. 동시에 사내배출권 및 사업장 감축 목표설정에 있어서 합리적인 근거를 제시한다.

둘째, 한계저감비용의 분석은 온실가스 저감 프로젝트들의 투자 우선순위를 제시함에 따라 온실가스 저감을 위한 프로젝트들의 우선순위를 산정하는 데 있어서 객관적인 의사 결정지표다.

셋째, 온실가스 저감을 위한 포트폴리오 구축 및 투자 수익률(NPV, IRR) 관리를 위해서는 한계저감비용 곡선의 추정이 단기적인 관점에서 선행적으로 구축되어야 할 인프라이고 탄소배출권거래제 시행에 앞서 필요한 분석 툴이다.

넷째, 탄소배출권거래제는 대표적인 시장 메커니즘을 통한 온실가스저감 정책으로 EU를 중심으로 주요 국가들이 도입하고 있다. 특히 EU는 2005년부터 본 거래제도를 도입하면서 EU 지역 내 온실가스를 꾸준히 저감시키고 있다. 중장기적 감축 수립에 있어 EU지역, EU국가, 산업, 업체들의 한계저감비용을 선행적으로 분석하고 있다.

다섯째, 배출권거래제는 결국 한계저감비용을 중심으로 거래가 이어지는 시장이다. 온실가스저감비용이 낮은 업체는 더 많이 감축해서 탄소배출권 시장에서 매도하게 된다. 따라서 상대적으로 감축 비용이 저렴한 업체의 경우 탄소배출권 시장에서 유리하게 된다.

여섯째, 탄소배출권 시장가격 수준에 근거한 대응 전략의 수립을 위해서는 한계저감비용곡선에 대한 객관적 기준 분석지표가 선행적으로 구축되어야 탄소배출권 시장 메커니즘에 효율적으로 대응할 수 있다. 즉, 온실가스 감축의 과부족이 시장에서 거래됨에 따라 국가 단위의 한계감축비용으로 수렴하는 구조를 보이게 된다.

마지막으로 한계저감비용 추정에 있어 우선순위에 가장 크게 영향을 미치는 변수는 금리로 금리 수준에 따라 순 현재가치에 평가가 상이해지고 그 결과 한계저감비용을 위한 프로젝트들의 우선순위도 바뀌게 된다. 따라서 적용금리에 대한 객관적 기준 마련이 필요하다.

02 공급 요인

1. 할당량

탄소배출권 시장에 할당량은 대표적인 공급요인이다. 적은 할당량은 공급 감소로 탄소배출권 가격이 상승하게 한다. 할당량이 많으면 공급의 증가로 탄소배출권 가격은 하락하게 된다. 할당량 결정은 정부의 온실가스 감축 정책 및 목표 수준에 따라 결정되는 만큼 국가할당 계획발표 시 할당 강도에 따라 탄소배출권의 가격은 급등락으로 이어진다.

탄소배출권거래제(ETS)하에서 할당량에 대한 과대 또는 과소의 평가 기준은 사전적 기준에 따라 배출량 전망치(BAU, Business-as-Usual)와 할당량 수준을 대비해 평가할 수 있으나 통상적으로 사후적 관점에서 접근하는 것이 일반적이다.

즉, 할당량 대비 인증 배출량의 관점에서 할당량의 과대 또는 과소를 평가한다. 할당량이 인증 배출량보다 큰 경우 과대할당되었다고 평가하게 된다. 과대할당은 수요측면의 대표적인 요인인 경기침체와 맞물려 탄소배출권 가격을 하락시키기도 한다.

2. 유상할당의 경매 시장

탄소배출권 시장은 해당 국가의 온실가스 감축 정책 및 목표에 따라 매우 다양한 형태로 운영되고 있다. 특히 개장 초기에는 시장 실패를 방지하기 위해 무상할당을 중심으로 제도가 마련된다. 이후 할당대상업체들의 적응 기간을 거치면서 유상할당의 비율을 증가시킨다. 이에 따라 탄소배출권 시장은 본격적인 시장 메커니즘이 작동되게 된다.

유상할당 물량은 경매 시장을 통해 공급되게 된다. 따라서 현물시장의 가격수준을 반영해 경매 시장에서 낙찰가격이 결정되고 경매물량 조절로 수급불균형을 개선하기도 한다. 응찰물량(수요)과 입찰물량(공급)에 따라 낙찰가격이 결정된다.

3. 이월제도

금기 이행 기간에 탄소배출권이 남을 경우, 잉여분에 대해서 차기 이행 기간으로 탄소배출권을 넘길 수 있다. 금기 잉여분을 차기 이행 기간으로 넘기면 금기의 탄소배출권 공급 부족으로 이어지면서 탄소배출권 가격은 상승하게 된다. 탄소배출권의 이월은 비탄력적인 공급곡선을 좌측으로 이동시켜 탄소배출권의 가격상승을 촉발한다.

4. 상쇄제도

탄소배출권 시장에서 할당대상업체의 온실가스 배출 감축 목표달성과 배출 활동에 따른 배출권 제출 시 배출권 거래 외에도 다양하고 유연한 방법론들을 제시하고 있는데, 이를 유연성 메커니즘이라고 한다.

이월, 차입, 조기 감축 실적 인정기준과 더불어 상쇄제도를 꼽을 수 있다. 상쇄제도는 할당대상업체의 조직경제 외부에서 발생한 온실가스 감축 실적(외부감축 실적)을 보유 또는 취득한 경우, 전부 또는 일부를 상쇄배출권으로 전환해 시장에서 거래하거나 제출할 수 있다.

할당량 이외에 탄소배출권 시장에 추가로 상쇄배출권이 공급됨에 따라 탄소배출권의 가격 하락요인으로 작용된다. 상쇄배출권의 제출 한도는 할당대상업체별로 주무관청에 제출해야 하는 배출권의 5.0% 이내로 제한되어 있다.

[자료 2-2] 탄소배출권 공급요인

구분	가격 영향	반영 기간
할당량(공급) > 인증량(수요)	하락	중기
이월량 제한조치	하락	중기
유상할당 경매 물량 증가	하락	단기
시장 안정화 조치 발동	하락	단기
상쇄배출권 유입	하락	중기

출처 : NAMU EnR 금융공학 & 리서치센터

03

탄소배출권 이론과 가격결정

1. 급전 순위 Merit Order

석탄가격은 천연가스가격보다 저렴함에 따라 일반적으로 석탄발전 방식을 선택하게 된다. 그러나 온실가스 감축 정책에 따라 배출허용치가 강제될 경우 탄소배출권 가격수준을 고려해 발전방식을 결정해야 한다.

즉, 천연가스가격이 높으면 전력회사들이 석탄을 이용하게 되고 이는 탄소배출권 수요가 증가해 탄소배출권의 가격이 상승하게 된다. 반대로 천연가스가격이 석탄가격 대비 낮게 형성되면 탄소배출권 수요감소는 탄소배출권 가격하락으로 이어지는 결과를 낳는다.

따라서 전력회사들은 화석연료 가격수준에 탄소배출권의 가격을 고려해 전력을 생산, 공급하게 된다. 전통적인 전력시장에서 급전 순위를 결정하는 것은 연료비가 핵심인 단기 변동비용(한계비용)이었는데, 탄소배출권거래제가 도입되면서 탄소배출권 가격이 새로운 변수로 대두되었고, 이에 따라 전통적인 변동비용에 탄소배출권 가격이 더해진 변동비용이 급전 순위를 결정하는 기준이 되었다.

2. 연료전환 개념

전력시장에서 화석연료인 석탄발전과 가스발전의 비중은 70%대로 높은 비중을 차지하고 있다. 이로 인해 온실가스 배출량 또한 발전 부문이 큰 비중을 차지하고 있어 발전 부문의 화석연료가격은 탄소배출권 시장과 매우 밀접한 관계를 보이게 된다.

유럽의 경우 전력생산에 있어 석탄가격 및 가스가격, 그리고 탄소배출권 가격수준에 따라 전력공급을 위한 급전 순위는 빠르게 반응한다.

$$\text{석탄과 가스 간 연료전환가격} = \frac{\text{가스가격} - \text{석탄가격}}{\text{석탄 탄소배출계수} - \text{가스 탄소배출계수}}$$

[자료 2-3] 석탄가격 vs 가스가격

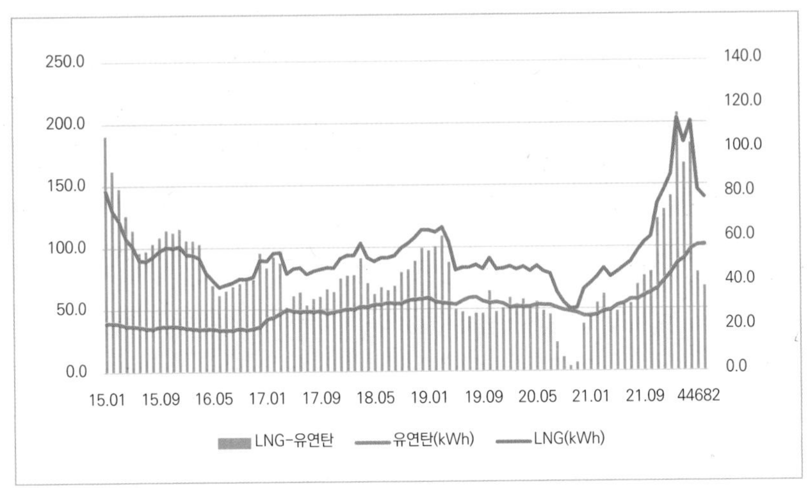

출처 : NAMU EnR 금융공학 & 리서치센터, KPX

석탄과 가스 간 연료전환가격(C-to-G FSP, Coal-to-Gas Fuel Switching Price)과 가스가격 수준을 알 때 석탄가격의 환산식은 (가스가격-(석탄 배출계수-가스 배출계수)×연료전환가격) 식을 이용하면 석탄가격을 환산할 수 있다. 반대로 석탄가격을 알면 가스가격의 환산식은 (석탄가격-(석탄 배출계수-가스 배출계수)×연료전환가격)은 가스가격 수준을 파악할 수 있다.

3. 석탄과 가스 간 연료전환가격산정

석탄과 가스 간 연료전환은 전환 부문, 즉 전력회사 입장에서 바라

본 전력생산라인의 포트폴리오 관점에서 탄소배출권의 이론가격으로 해석된다. 연료전환가격산정을 위해서는 석탄가격과 가스가격을 전력 단위로 환산한 후에 톤당 가격으로 계산하게 된다.

따라서 석탄가격은 톤당 또는 열량 단위(MMBtu)로 거래됨에 따라 톤에서 열량 단위(MMBtu)로 환산한 후 전력 단위인 MWh로 환산해야 한다. 가스가격 또한 열량 단위(MMBtu) 호가를 MWh로 환산해 계산하게 된다.

- 석탄가격(MWh) : 41.56/MWh
- 가스가격(MWH) : 95.23/MWh

- 석탄 탄소배출계수(CO2 Rate) : 0.86 tCO2/MWh
- 가스 탄소배출계수(CO2 Rate) : 0.36 tCO2/MWh

- 석탄과 가스 간 연료전환가격 : 107.34/tCO2

4. 석탄, 가스 및 탄소배출권 간 차익거래

석탄과 가스 간 연료전환은 석탄가격, 가스가격, 탄소배출권 가격 간의 균형을 위미하는 가격이다. 따라서 이들 간의 불균형은 저평가된 가격은 매수하고 고평가된 가격은 매입해 다시금 적정균형을 찾게 된다.

석탄과 가스 간 연료전환가격(탄소배출권 이론가격)이 톤당 107.34유로다, 반면에 탄소배출권 시장에서 호가하는 가격이 톤당 98.54유로인 경우 이론가격 대비 시장가격은 8.20% 저평가된 상태로 탄소배출권을 매입하거나 가스를 매도해 불균형을 해소하게 된다.

가스가격이 MWh당 95.23유로인 상태에서 탄소배출권 이론가격이 탄소배출권 시장가격으로 수렴하기 위해서는, 가스가격이 MWh당 90.93유로로 하락하게 되면 차익거래 기회가 사라지게 된다. 반대로 석탄가격이 MWh당 41.56유로에서 45.96유로로 상승하게 되면 역시 차익거래는 없게 된다. 결국, 탄소배출권 시장가격의 저평가 해소를 위해서는 가스 매도, 석탄 매입, 탄소배출권 매입 대응이 유효하게 된다.

주요 에너지 단위전환

글로벌 에너지 시장에서 석유, 석탄, 가스 등은 매우 다양한 단위로 매매되고 있다. 석유는 배럴, 석탄은 톤, 가스는 열량 단위, 전력은 메가와트, 탄소는 이산화탄소의 톤 단위로 거래되고 있어 동일한 에너지 단위로 환산해 평가해야 한다.

0 MWh vs MMBtu
  1 MWh = 3.41214163313 MMBtu
0 tonne vs MMBtu
  1 tonne of Coal = 27.78 MMBtu
0 MMBtu vs MWh
  1 MMBtu = 0.2930710701722 MWh
0 MWh vs GJ
  1 MWh = 3.6 GJ
0 tonne vs MWh
  1 tonne = 8.14151432938 MWh

에너지 시장에서 거래되는 통화는 주로 유로화나 미국 달러화를 기준으로 호가가 되고 있다. EUR/USD 표시면 유로화가 기준통화고, 미국 달러화가 상대통화인 가격을 나타낸다. EUR/USD는 1유로를 획득하는 데 필요한 미국 달러의 양을 뜻한다(만약 EUR/USD 시세가 1.1500이면 1유로를 사려면 1.1500 미국 달러를 지급 의미). 따라서 EUR/USD가 상승(하락)하면 유로화는 강세(약세)고, 달러화는 약세(강세)를 의미한다.

04

전력 및 에너지 시장 투자 지표

1. 더티 다크 스프레드 DDS, Dirty Dark Spread

더티 다크 스프레드(Dirty Dark Spread)는 전력가격과 석탄가격 간의 차이로 정의된다. 더티 다크 스프레드 값이 클수록 석탄발전을 통한 발전이익은 크다는 것을 의미한다.

· 더티 다크 스프레드/MWh = 전력가격/MWh - 석탄가격/MWh

2. 더티 스팍 스프레드 DSS, Dirty Spark Spread

더티 스팍 스프레드(Dirty Spark Spread)는 전력가격과 가스가격 간의 차이로 정의된다. 더티 스파크 스프레드 값이 클수록 가스발전을 통한 발전이익은 크다는 것을 의미한다.

- 더티 스팍 스프레드/MWh = 전력가격/MWh - 가스가격/MWh

[자료 2-4] 더티 다크 스프레드 vs 더티 스팍 스프레드

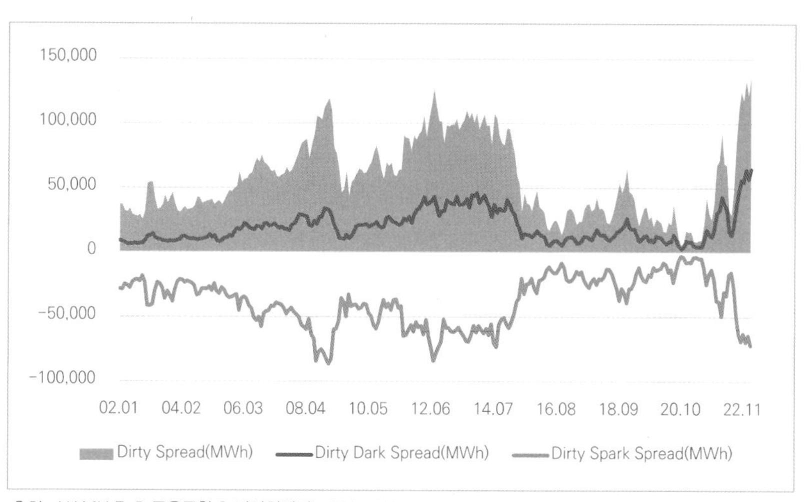

출처 : NAMU EnR 금융공학 & 리서치센터, KRX, KPX

3. 크린 다크 스프레드 CDS, Clean Dark Spread

크린 다크 스프레드(Clean Dark Spread)는 전력가격에서 석탄가격과 탄소배출권 가격을 차감한 스프레드로 더티 다크 스프레드(DDS) 값에서 환경 비용인 탄소배출권을 차감한 값으로 정의된다. 탄소배출권 비용이 반영됨에 따라 발전이익은 그만큼 축소된다.

· 크린 다크 스프레드/MWh
= 전력가격/MWh - 석탄가격/MWh - 배출권가격/MWh

4. 크린 스팍 스프레드 CSS, Clean Spark Spread

크린 스팍 스프레드(Clean Spark Spread)는 전력가격에서 가스 가격과 탄소배출권 가격을 차감한 스프레드다. 더티 스팍 스프레드(DSS) 값에서 환경 비용인 탄소배출권을 차감한 값으로 정의된다. 탄소배출권의 비용 반영됨에 따라 발전이익은 그만큼 축소된다.

· 크린 스팍 스프레드/MWh
= 전력가격/MWh - 가스가격/MWh - 배출권가격/MWh

[자료 2-5] 크린 다크 스프레드 vs 크린 스팍 스프레드

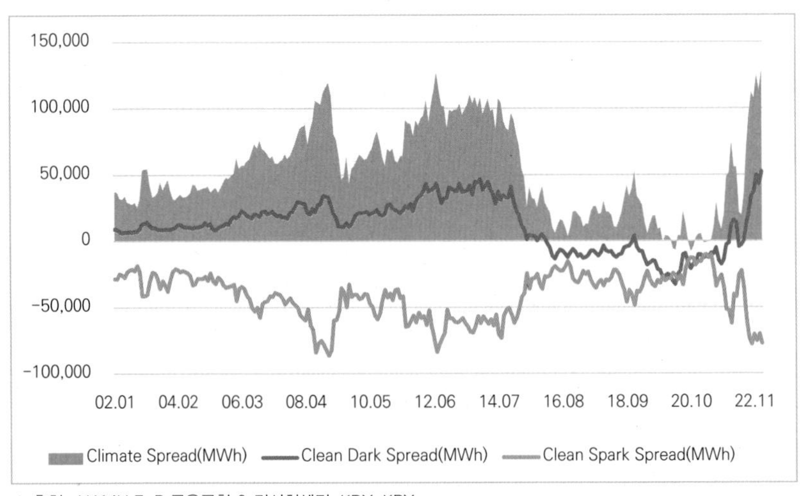

※ 출처 : NAMU EnR 금융공학 & 리서치센터, KRX, KPX

5. 클라이밋 스프레드 CS, Climate Spread

클라이밋 스프레드(Climate Spread)는 크린 다크 스프레드에서 크린 스팍스프레드를 차감한 스프레드로 클라이밋 스프레드가 양(+) 값을 보이면 환경비용(탄소배출권 가격)을 감안한 상태에서 석탄발전에서 발전이익을 보고 있다는 의미로 해석된다. 반대로 클라이밋 스프레드 값이 음(-) 값을 보이면 환경비용(탄소배출권 가격)을 감안한 상태에서 가스발전에서 발전이익을 보고 있다는 의미로 해석된다.

- 클라이밋 스프레드/MWh
  =크린 다크 스프레드/MWh-크린 스팍 스프레드/MWh

6. 그린 스프레드 GS, Green Spread

그린 스프레드(Green Spread)는 신재생에너지 시장과 연계된 수익지표로 신재생에너지 시장의 특성을 반영한 지표로 전력가격과 공급인증서(REC) 가격을 합한 것으로 산정된다.

- 그린 스프레드/MWh
  =전력가격/MWh+신재생에너지 공급인증서/MWh

전력시장 투자 지표

전력시장의 투자 지표는 화석연료 가격수준을 감안한 투자 지표다. 최근에는 환경 비용인 탄소배출권 비용을 반영해 전력생산에 대한 영업마진을 분석하는 데 활용되고 있다. 또한, RE100 캠페인이 활성화되면서 그린 스프레드(Green Spread)에 대한 분석도 병행해 투자 의사결정을 하는 등 다양한 지표들이 분석되고 있다.

- 전력가격/MWh : 217,119원/MWh
- 석탄가격/MWh : 152,661원/MWh
- 가스가격/MWh : 289,212원/MWh
- 공급인증서 가격/MWh : 64,500원/MWh
- 탄소배출권 가격/tCO2 : 13,024원/tCO2
- 석탄 탄소배출계수tCO2/MWh = 0.97303tCO2/MWh
- 가스 탄소배출계수tCO2/MWh = 0.41107tCO2/MWh

Dirty Dark Spread/MWh
+64,458원/MWh = 217,119원/MWh - 152,661원/MWh
Dirty Spark Spread/MWh
−72,093원/MWh = 217,119원/MWh - 289,212원/MWh

Clean Dark Spread/MWh
+51,785원/MWh = 217,119원/MWh - 152,661원/MWh - 12,673원/MWh
Clean Spark Spread/MWh
−77,447원/MWh = 217,119원/MWh - 289,212원/MWh - 5,354원/MWh

Climate Spread/MWh
+129,232원/MWh = 51,785원/MWh - (−77,447원/MWh)

Green Spread/MWh
+281,619원/MWh = 217,119원/MWh + 64,500원/MWh

Part 03

탄소배출권 위험관리 및 파생상품

모든 시장은 리스크가 존재한다. 위험과 수익은 트레이드-오프(Trade-Off) 관계로 수익을 높이려면 어느 정도의 위험은 감수해야 한다. 반대로 위험이 낮으면 수익 또한 낮게 마련이다. 투자에 있어 시장의 위험에 대한 인식과 위험 분석은 투자에 앞서 선행적으로 분석되어야 한다.

유럽 탄소배출권 시장은 거래량의 약 85%가 탄소배출권 파생상품 중심으로 운영되고 있다. 이처럼 파생상품 비중이 높은 이유는 에너지 회사 특히, 전력회사 중심으로 탄소배출권 시장이 운영되고 있고 참여업체 대부분은 전력 파생상품, 석탄 파생상품, 가스 파생상품을 이용하는 라인-업의 연장으로 탄소배출권 파생상품을 이용하고 있다.

본 장에서는 2015년 1월 12일 개장 이후 2023년 3월 31일 동안 국내 탄소배출권 시장에 대해 리스크 측정으로 시장위험에 대한 이해를 증진하고 탄소배출권 시장 투자에 있어서 시장위험관리를 효율적으로 다루기 위해 다양한 파생상품들에 대한 개념과 위험관리 방법들을 살펴보고자 한다.

01 탄소배출권 위험관리 필요성

1. 위험 정의 및 측정

위험은 불확실성으로 정의된다. 또한, 미래에 대한 기대 손익을 의미하기도 한다. 금융자산을 보유했을 경우의 손익 확률이 된다. 이러한 확률을 변동성이라는 지표로 위험을 측정하게 된다. 변동성이 크다는 것은 미래 기대 손익의 크기가 크다는 것이고 반대로 변동성이 작다는 것은 미래에 대한 기대 손익의 크기가 작다는 것을 의미한다.

위험의 측정은 표준편차로 측정하게 된다. 표준편차는 평균에서 벗어난 정도를 의미하게 된다. 따라서 표준편차의 값이 크면 평균으로부터 많이 벗어난 상태로 위험이 크다고 정의된다. 반대인 경우는 위험인 표준편차가 평균에 가까우므로 위험이 적다는 의미다.

위험인 변동성의 측정은 방법은 매우 다양하다. 대표적으로 특정 기간의 수익률에 대한 표준편차의 크기로 측정하는 방법, 가장 단순한 방법으로써 일정 기간의 고가-저가를 측정하는 방법, 특정 시점에 가중치를 부여한 동일가중방법 및 지수 가중방법으로 측정 방법 등이 일반적이다.

2. 탄소배출권 시장가격과 연간 변동성

변동성은 시장 특성을 가늠하고, 시장 위험을 감지하는 예측지표로 유용한 도구다. 변동성 분석을 포함, 매매 의사결정을 위한 기술적 방법론을 적절히 활용한다면, 일관성 있는 객관적 투자 지표로 시장 진입 및 매매 타이밍과 탄소배출권 제도 대응에 있어, 효율적 지표로 활용할 수 있다.

탄소배출권 시장의 연간 변동성 확인을 통해 외부영향에 대한 반응 정도 및 변동 추세 등의 시장 특성을 파악할 수 있다. 만약 변동성이 높다면 작은 이슈에도 시장 전체가 출렁이며 급등락을 반복할 것이다. 변동성이 낮다면 외부 요인이 가격에 미치는 영향이 적어 가격은 일정한 범위에서 움직일 것이다.

탄소배출권 가격의 평균 변동성을 산출해 보유 자산의 손익을 평가할 수 있다. 즉, 이행 기간별 배출권 단가(실현 또는 추정가)에 평균 변동성을 적용함으로써, 해당 이행 기간 대상 단가에 대한 상·하한 추정 가격밴드를 설정할 수 있다.

탄소배출권 가격의 장기 평균 변동성을 기준으로 투자 매매 시점을 판단하기 위한 근거로 활용할 수 있고 변동성이 큰 구간에서는 탄소배출권의 가격등락이 커짐에 따라 탄소배출권 자산/부채 가치 변화가 커진다.

[자료 3-1] 탄소배출권 시장가격 vs 연간 변동성

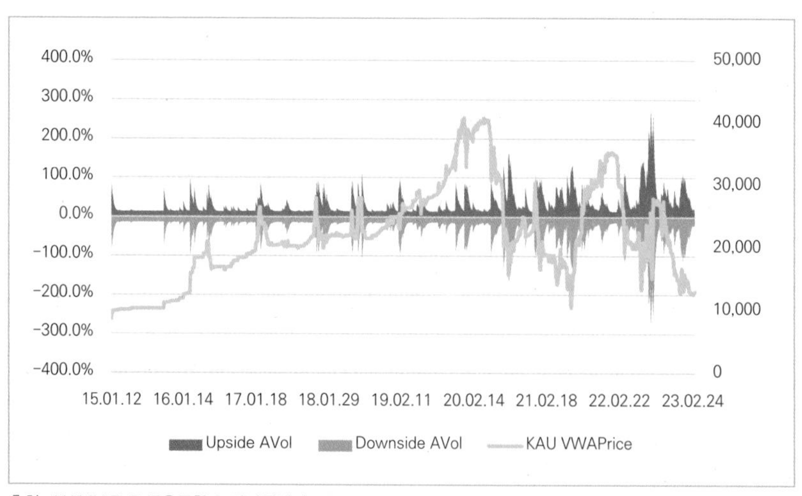

출처 : NAMU EnR 금융공학 & 리서치센터, KRX

손실 위험을 줄이기 위해서는 할당배출권(KAU) 평균 변동성을 산출 후 일일 변동성이 평균 변동성 이하로 진입할 경우, 매매를 위

한 시장 진입 시그널로 판단할 수 있다. 반대로 KAU 일일 변동성이 평균 변동성 이상 초과 시 매매 시기를 일단 보류하고 관망하는 것이 좋다.

국내 탄소배출권 시장은 정부 정책 이슈에 크게 휘둘리는 변동성이 큰 시장이다. 따라서 할당기업의 경우 경기 펀더멘털 및 기술적 분석에 의한 의사결정보다는 정책 이슈 및 단기적 재료에 입각한 대응이 유효하다.

한편으로는 국내 탄소배출권 시장은 미성숙한 시장으로 유럽 탄소배출권 시장과 같이 배출권 가격이 경기 펀더멘털 등 외부 요소와 유기적으로 움직이기보다는 경직된 구조로 운영되고 있어 기술적 분석을 무조건 신뢰하기에는 한계점이 있다.

02

탄소배출권 파생상품

1. 선도거래

약정가격으로 장래의 특정일에 대상 상품을 인수·인도하는 장외거래를 말한다. 가장 전통적인 파생금융상품으로, 장래의 일정 시점 또는 일정 기간에 특정 자산을 일정 가격으로 당사자 간 계약을 통해 사거나 팔 것을 약정하는 거래다.

2. 선물거래

거래소에서 거래되는 장내거래 상품인 통화, 금리, 주가지수, 에너지 등을 대상으로 표준화된 계약조건으로 매매계약 체결 후, 일정

기간이 지나간 뒤에 미리 결정된 가격에 의해 그 상품의 인도와 결제가 이루어지는 거래를 말한다. 선물거래는 표준화된 특정 거래소에서 이루어진다.

선물가격 결정은 이론적으로 특정 시점의 선물가격은 기초자산을 매입해 만기까지 보유할 경우, 발생하는 비용의 합계로 기초자산 가격에 이자와 보관비용을 고려해 계산한다. 즉, 보유비용모형(Cost-of-Carry Model)에 의한 선물가격은 현물가격과 보유비용의 합으로 결정된다.

선물거래는 공신력 있는 거래소에서 정형화된 상품과 증거금, 일일정산 등의 안정적인 제도가 뒷받침되는 가운데 이루어지는 장내거래다. 유럽 탄소배출권 시장의 경우 선물거래가 가장 큰 비중(88%)을 차지하고 있으며, 모두 장내 시장을 통해 거래가 이루어지고 있다.

[자료 3-2] 선도거래 vs 선물거래

구분	선도거래	선물거래
거래장소	장외 시장(개별적)	공인된 거래소
거래형식	개별적 계약	정형화된 공개입찰
가격형성	계약 시 단 한 번 형성	일일 가격 변화
계약내용	당사자 간의 합의	거래소 통한 표준화
결제방법	만기에 현물인수도	주로 반대매매로 결제
일일정산	없음(만기일에 결제).	청산소에 의해 일일정산
시장가격	불완전경쟁 시장	완전 경쟁 시장에 가까움.

출처 : NAMU EnR 금융공학 & 리서치센터, KRX

3. 옵션거래

특정 자산을 특정 시점 또는 특정 기간 내에 특정가격으로 살 수 있거나 팔 수 있는 권리를 거래하는 것이다. 콜옵션은 거래 대상 자산을 행사가격에 살 수 있는 권리를 매매하는 반면, 풋옵션은 거래 대상 자산을 행사가격에 팔 수 있는 권리를 매매한다.

옵션 매입은 권리를 가지게 되며 옵션 매도는 옵션을 매입한 사람이 권리를 행사할 때 계약조건을 이행하는 의무를 지게 된다. 옵션의 가격(프리미엄)은 기초자산 가격, 행사가격, 만기까지의 잔존기간, 이자율 및 기초자산 가격의 변동성에 의해 결정된다.

옵션의 가격은 내재가치와 시간가치로 구성된다. 기초자산의 현재 가격과 행사가격과의 차이가 내재가치를 결정하게 되며 나머지 변수인 변동성에 의해 시간가치가 결정된다. 변동성이 클수록 콜옵션과 풋옵션의 가격은 높아진다.

4. 스왑거래

스왑거래는 양 당사자 간 일정 기간 실물 또는 현금흐름을 교환하는 파생상품으로 현재 시점에서 미래의 현금흐름을 확정한다는 점에서 다른 파생상품과 유사하다. 스왑거래의 현금흐름은 만기시점에 현금흐름이 한 번 발생하는 파생상품과 달리, 만기 전에도 약정

조건에 따라 현금흐름이 발생한다. 가장 일반적인 스왑거래로는 변동가격과 고정가격 간의 교환으로 정의된다.

경제적 관점에서 유입 현금흐름의 현재가치와 유출 현금흐름의 현재가치가 원칙적으로 같아야 한다. 스왑은 여러 선도거래를 하나의 집합으로 만들어 거래하는 상품으로, 스왑가격은 선도가격과 매우 밀접한 관계가 있다.

스왑가격 산정 절차는 먼저 현금흐름을 구하고, 그 현금흐름이 발생하는 시점의 할인계수를 계산한다. 그 현금흐름의 현가(현금흐름 ×할인계수)로 스왑가격을 구한다.

5. 레포거래

레포(Repo, Repurchase Agreement)는 매도 당사자가 매수 당사자에게 증권을 매도하고 매입대금을 받은 뒤, 약속된 날짜가 되면 매도 당사자가 매수 당사자로 다시 증권을 매입하고 환매가격을 지급하는 방식으로 거래가 이루어진다.

레포 매도자(자금조달자)는 장기 보유자산을 활용해 신용거래인 콜거래보다 낮은 금리로 자금을 조달할 수 있어 수익을 극대화할 수 있고 반대로 레포 매수자(자금운용자)는 안전한 자금 운용이 가능하다는 장점이 있다.

03

탄소배출권 선물거래

1. 투자 거래

투자 거래는 현물포지션의 보유와 관계없이 장래의 가격변동을 예측하고, 이를 근거로 선물계약을 매도 또는 매수한다. 시세변동에 따른 차익획득을 목적으로 위험을 감수하면서 잠재적인 이익을 추구하기 위해 하는 거래다.

선물거래는 작은 증거금으로 큰 금액의 거래를 할 수 있으므로 투자 거래자들이 선호한다. 따라서 투자 거래는 선물시장의 유동성을 증대시켜 헤저들이 손쉽게 선물시장을 이용해 위험관리를 할 수 있도록 해주는 역할을 한다.

가격상승이 예상될 경우 선물매입포지션을 취한 후, 가격이 상승하면 반대포지션(전매도)을 취하게 된다. 반대로 가격하락이 예상될 경우 선물매도포지션을 취한 후, 가격이 하락하면 반대매매(환매수)로 포지션을 청산하는 거래유형이다.

투자 거래는 높은 레버리지 효과(적은 증거금)로 인해 고수익을 확보할 수 있다. 그러나 시장 전망과 가격 방향성에 대한 예상이 어긋나갔을 경우 손실이 크게 발생할 수도 있다.

또한, 선물시장의 참여자가 모두 헤저일 경우 시장 전망에 대한 동일한 예측과 위험회피 성향으로 인해 선물시장에 대한 수요와 공급의 불균형이 투자적 거래자로 인해 해소된다.

따라서 투자 거래는 헤저들에게 위험회피에 대한 기회를 부여하고 헤저로부터 전가된 위험을 부담하는 대가로 투기적인 이익을 얻을 수 있다. 결국, 투자 거래에 치중하는 투자자들로 인해 선물시장의 유동성 확대 및 시장의 효율성이 제고되는 것이다.

투자 거래자들은 포지션을 보유하고 있는 시간과 기간에 따라 스캘퍼(Scalper), 일일거래자(Day Trading), 포지션거래자(Position Trader), 스트래들러(Straddler)로 분류된다.

(1) 스캘퍼(Scalper)

가격변동 폭이 작더라도 일 중 매수, 매도포지션으로 매매이익을 실현하고자 하는 적극적인 거래자를 말한다. 포지션 보유시간을 상당히 짧게 가져가는 특징을 가지고 있다. 매수 및 매도를 반복적으로 행함으로써 유동성을 창출하는 거래자를 말한다.

(2) 일일거래자(Day Trader)

시장에서 즉각적인 이익을 얻기 위해 당일에 행한 포지션을 다음날로 이월시키지 않고 장중에 반대매매로 처분해 미결제 약정 없이 마감하는 투자자를 일컫는다.

(3) 포지션거래자(Position Trader)

일정 기간 포지션을 커버하지 않고 포지션(매수, 매도)을 보유하는 시장참여자로 헤저와 시장의 가격변동에서 오는 큰 이익을 확보하기 위해 미결제 약정으로 포지션을 오픈하는 거래자다.

(4) 스트래들러(Straddler)

기초자산의 변동성 확대 및 축소를 전망하는 투자자로 주로 선물과 옵션 또는 콜옵션과 풋옵션의 조합을 통해 변동성 축소가 전망될 경우 옵션 양매도포지션을 반대로 확대가 예상될 경우 옵션 양매수 포지션을 취하는 투자자다.

2. 헤지거래

선물시장에서 헤지거래란 현물 포트폴리오 보유 또는 보유 예정인 경우, 현물에 대한 불확실한 가격 움직임에 대해 선물시장을 이용해 반대포지션을 취함으로써, 가격변동 위험을 축소시키거나 회피하는 거래로 전형적인 선물거래 기법이다.

선물가격은 현물가격과 금융비용 등의 보유비용에 의해 결정됨에 따라 일반적으로 현물가격의 움직임과 동일한 방향성을 보인다. 이에 따라 현물포지션과 반대되는 선물포지션을 취하게 되면 현물시장에서의 손실(또는 이익)이 선물시장에서의 이익(또는 손실)으로 어느 정도 상쇄되며, 헤지거래를 함으로써 현물가격 움직임의 변동폭이 베이시스 움직임으로 전환되어 가격 움직임에 대한 위험은 축소된다.

결국, 헤지거래에 대한 위험은 베이시스 위험으로 바뀐다. 헤지의 종류로는 직접헤지와 교차헤지로 분류되고 직접헤지는 매도헤지와 매입헤지로 세분화된다. 직접헤지를 보유하고 있는 현물에 대해서 현물과 동일한 기초자산을 대상으로 한 선물거래를 의미하는 것으로 선물가격이 현물가격에 의해 결정되는 만큼 가격 변동성 및 움직임의 정도가 상당히 높다.

[자료 3-3] 매도헤지

(단위 : 원)

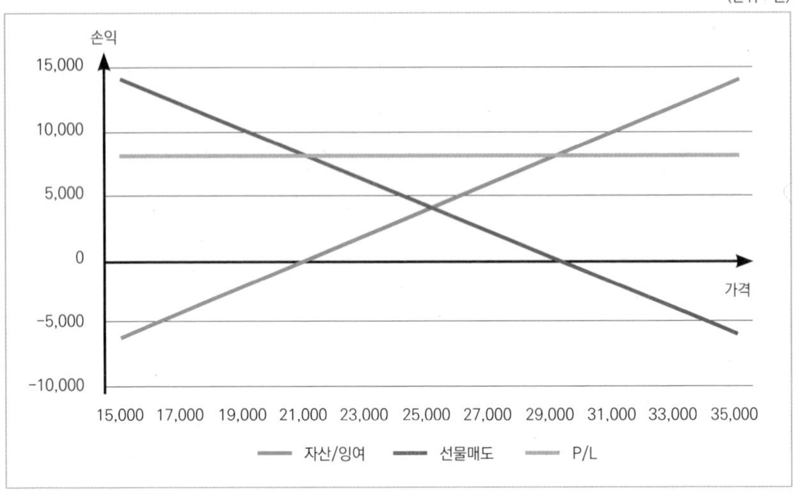

출처 : NAMU EnR 금융공학 & 리서치센터

따라서 직접헤지의 경우 교차헤지보다 헤지 효과는 크다. 그러나 헤지 기간이 길수록 선물 만기로 인한 롤오버(선물만기 연장)가 요구됨에 따라 거래비용을 수반하게 된다. 매도헤지는 현물시장에서 매입포지션을 취하고 있으면 가격하락 위험에 노출된다. 그에 따라 매도포지션을 취하는 헤지 형태로, 가격하락을 회피하고자 선물시장을 이용하게 된다. 현물 투자 시 가격하락이 전망될 경우 선물거래를 이용할 수 있다.

매입헤지는 매도헤지와 반대되는 개념의 헤지로 가격상승 위험에 노출되어 있을 경우 현물에 대한 가격상승 위험을 선물거래의 매입헤지를 통해 상쇄시키는 전략이다. 이와 함께 향후 자산에 대한 매

[자료 3-4] 매입헤지

(단위 : 원)

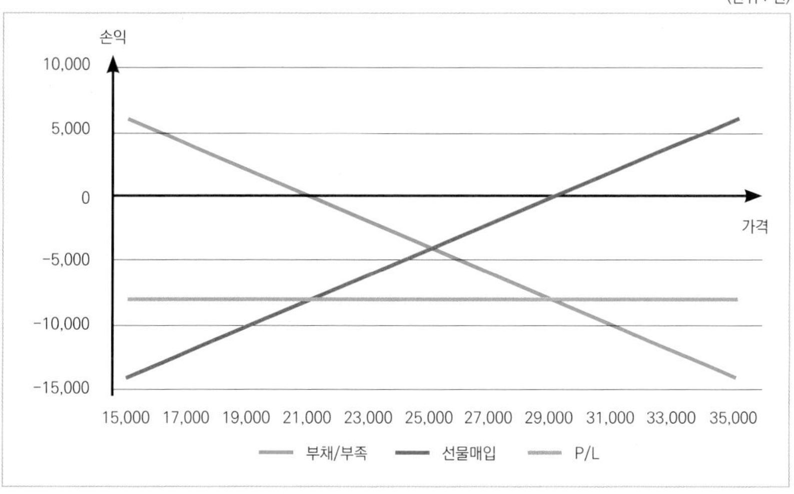

출처 : NAMU EnR 금융공학 & 리서치센터

입이 이루어질 경우 가격상승에 따른 위험을 방지하고 체결 시점에서 수익을 확보하기 위한 전략이기도 하다.

교차헤지는 직접헤지와 달리 헤지하려고 하는 현물에 대해서 선물시장이 존재하지 않을 경우 헤지할 현물과 유사한 가격패턴을 보이는 선물시장을 이용해 간접적으로 헤지하는 기법이다.

이는 교차헤지 시 가격 움직임 등의 상관관계 정도가 낮을 경우에는 헤지 효과를 기대하기가 어렵다. 따라서 교차헤지 전에 반드시 현물가격과 선물가격에 대한 상관계수 등 가격 움직임 정도(민감도)를 체크한 후 헤지 전략을 수립해야 한다.

3. 스프레드거래

현물가격과 선물가격 간의 차이가 베이시스로 정의되는 반면 스프레드는 거래대상물은 같으면서 만기 월이 서로 상이한 선물계약 간의 가격 차이 및 거래대상 선물은 다르나 가격 움직임과 만기 월이 동일한 선물계약 간의 가격 차이를 이용해 손실을 최소한으로 한정하면서 이익을 확보하려는 거래기법이다.

향후 선물가격 상승이 예상되는 경우에는 만기 월이 가까운 선물계약이 만기 월이 상대적으로 먼 선물계약보다 가격 움직임이 빠르다는 점을 이용해 만기 월이 가까운 근월물을 매수하고, 원월물을 매도한 상태에서 예상대로 가격이 상승하면 반대포지션을 취하므로 이익을 확보하는 것이다.

만일 가격이 예상대로 움직이지 않더라도 매도, 매수포지션을 동시에 취하고 있기 때문에 손실을 최소한으로 한정할 수 있다.

Spread = 원월물가격 – 근월물가격 = (원월물 베이시스 – 근월물 베이시스)

스프레드 거래는 시장 내 스프레드(Intra-Market Spread), 상품 간 스프레드(Inter-Commodity Spread), 시장 간 스프레드(Inter-Market Spread)로 분류될 수 있다.

대표적인 스프레드 거래인 시장 내 스프레드를 살펴보면, 동일한 거래소 및 종목을 대상으로 만기 월이 상이한 선물계약에 대해서 동시에 매입포지션과 매도포지션을 취하게 된다. 강세장 전망 시 이용하는 불스프레드(Bull Spread)와 약세장 전망 시 이용하는 베어스프레드(Bear Spread)로 나뉜다.

(1) 불스프레드(Bull Spread)

불스프레드는 가격상승이 전망될 경우 근월물을 매입하고 원월물에 대해서는 매도포지션을 취하는 전략이다.

(2) 베어스프레드(Bear Spread)

베어스프레드는 가격하락을 예상해 근월물을 매도하고 원월물을 매입하는 거래 전략으로 안정적인 수익을 확보한다.

스프레드가 확대된다는 것은 가격상승을 의미하는 것이다. 향후 가격상승이 예상될 경우, 스프레드 확대에 대한 기대감으로 근월물 매도와 원월물 매입의 베어스프레드(Bear Spread) 전략이 유효하다. 반대로 가격하락이 전망될 경우는 스프레드 축소를 기대함에 따라 근월물 매수와 원월물 매도의 불스프레드(Bull Spread) 전략을 구사하게 된다.

4. 차익거래

차익거래란 선물시장과 현물시장의 일시적인 가격 불균형을 이용해 현물과 선물을 동시에 매매함으로써 위험부담 없이 이익을 획득하려는 거래다. 즉, 선물이론가격 대비 선물가격이 고평가되어 있을 때는 현물매입, 선물매도의 매입차익거래를 행하게 된다. 반대로 선물이론가격 대비 선물가격이 저평가되어 있으면 현물매도, 선물매입의 매도차익거래로 균형가격대에 대한 이탈에 대해서 차익을 확보하게 된다.

선물가격과 이론가격 사이에 일시적인 가격 불균형이 발생했다고 해서 반드시 차익의 기회만 있는 것은 아니다. 왜냐하면 거래수수료와 매수-매도 호가 차이의 시장 충격비용 및 조달비용문제 등으로 차익거래가 불가능한 영역이 존재하기 때문이다.

따라서 차익거래 전략에 앞서 검토해야 할 것이 있다. 현물 및 선물거래 시 제반 수수료 문제뿐 아니라 현물에 대한 신용거래 및 공매도들의 제약요인을 고려한 후 차익거래를 위한 상하한 레인지를 설정해서 운용해야 한다.

차익거래를 이용할 경우 선물가격이 상하한 레인지를 벗어났을 경우, 매수차익거래 및 매도차익거래로 인해 이탈된 선물가격이 이론가격으로 수렴된다. 현물 및 선물차익거래는 매수차익과 매도차익 거래로 분류된다.

(1) 매수차익거래(Cash-and-Carry Arbitrage)

매수차익거래는 이론가 대비 선물가격이 상한밴드를 이탈한 상태에서 이루어지는 차익거래 유형으로 현물매수&선물매도를 통해 차익을 확보하게 된다. 결국, 시장에서 고평가된 선물가격은 선물 매도포지션의 우위로 인해 적어도 이론가격 또는 상한 레인지로 수렴되면서 선물가격은 하락하게 된다.

(2) 매도차익거래(Reverse Cash-and-Arbitrage)

매도차익은 선물가격이 이론가격 대비 하한밴드를 이탈하게 되었을 경우, 매도차익거래가 발생하는 것을 말한다. 현물매도&선물매수포지션을 취함으로써 가격의 일시적인 불균형에 따른 시세차익을 확보하는 거래다. 이 경우에도 선물가격의 저평가에 대한 매수세 유입으로 이론가격 또는 하한 레인지 안으로 선물가격이 상승하게 된다.

5. 합성거래

합성거래 전략은 현물자산을 보유하지 않은 상태에서 다양한 파생상품을 이용해 현물자산을 복제하는 거래기법으로 선물, 옵션, 스왑, 레포 등의 포트폴리오로 구축된다. 가장 간단한 예로는 현물보유포지션을 복제하기 위해서는 선물매입포지션(=콜옵션 매입+풋옵션 매도)을 그리고 현물처분포지션을 복제하기 위해서는 선물매도포지션(콜옵션 매도+풋옵션 매입)을 보유하면 된다.

Part 04

탄소배출권 최적 헤징 전략 수립

2023년 기준, 국내 탄소배출권 시장은 개장한 지 9년 차를 맞이하고 있다. 할당배출권(KAU)의 연평균 장기변동성은 45.9%로 주식 시장이나 외환 시장의 리스크를 상회하고 있다. 개장 이후 탄소배출권 시장 참여자들은 이러한 높은 리스크에도 불구하고 파생상품의 부재로 인해 100% 리스크에 노출된 상태에서 시장에 참여하고 있다.

탄소배출권 시장 중장기 로드맵에 따르면, 제3차 계획 기간(2021~2025년) 내에서 개인 투자자의 시장 참여와 장내 파생상품 시장 도입을 목표로 하고 있다. 이와 같은 조치들은 글로벌 스탠더드에 부합하는 조치로 매우 고무적이다.

높은 현물시장의 변동성을 제거 또는 관리하기 위해서는 다양한 파생상품을 활용할 수 있다. 이 장에서는 실무차원에서 파생상품을 이용한 헤징 전략을 구체적으로 살펴보고, 파생상품 이론 가격결정모형 및 선물, 스왑, 레포 등 다양한 파생상품들의 활용방안을 자세히 기술하고 있다.

01

탄소배출권 최적 헤징 전략

1. 헤징 정의

선물거래를 이용해 현물 포트폴리오에 대한 위험을 회피할 경우, 필요한 선물계약의 수를 알아야 한다. 이 경우 적용되는 것이 헤지비율(Hedge Ratio)이다. 이는 보유하고 있는 기초자산에 대해 몇 계약의 선물을 매입 또는 매도할 것인가를 결정하는 비율을 의미한다.

최적의 헤징성과 달성을 위해서는 현물포지션에 대한 손익을 선물포지션의 손익으로 정확히 상쇄시켜야 한다. 그러나 현실적으로 현물가격 변화와 선물가격 변화의 움직임이 상이하다. 또한 베이시스 리스크가 상존함에 따라 헤징에 대한 효율성은 떨어지게 된다.

2. 위험-수익 관계

헤지거래의 본질적인 목적은 위험 최소화에 있다. 따라서 위험 최소화로 인해 기대되는 수익 또한 감소하게 된다. 따라서 위험과 수익의 트레이드 오프 관계를 감안한다면 헤징 전략은 리스크 축소에 따라 수익이 감소하는 정반대의 손익구조를 보이게 된다.

최적 헤지비율(HR*) = 현물포지션(QS*)/선물포지션(QF*)

최적의 헤지비율로 나타내면 $[QS^* = QF^* \times HR^*]$으로 헤지 포트폴리오에 대한 가격변동은 다음과 같다.

$$\triangle P = [\triangle S \times QS] - [\triangle F \times QF]$$

△S : 현물 가격변동　　QS : 현물 보유수량
△F : 선물 가격변동　　QF : 선물 보유수량

최소위험 선물포지션하에서는 $\triangle P = [\triangle S \times QS] - [\triangle F \times QF] = 0$ 또는 $[\triangle S \times QS] = [\triangle F \times QF]$이 됨에 따라, 결국 헤지비율은 $HR^* = \triangle S / \triangle F$로 정의된다.

$$[\triangle S \times QS] = [\triangle F \times QF \times HR^*]$$

3. 최소분산 헤지비율

최소분산 헤지는 위험을 최소화하기 위한 것으로 헤지 포트폴리오가 최소분산이 되게끔 하는 헤지비율을 말한다. 헤지 포트폴리오의 최소분산은 선물가격과 현물가격 간에 상관관계가 높을 경우 헤지 포트폴리오 분산을 완전히 제거될 수 있는 반면 상관관계가 낮을수록 최소분산은 커지게 된다.

결국 최소분산 헤지비율을 추정하기 위해서는 독립변수로 선물가격 수익률과 종속변수로 포트폴리오 수익률 데이터를 이용한다. 단순회귀 분석 결과 회귀계수 추정치가 바로 최소분산 헤지비율(β)이 된다.

$$\Delta S_t = \alpha + \beta \Delta F_t + \epsilon_t$$

β = 현물과 선물수익률 간의 공분산 / 선물수익률의 분산

4. 헤징효과[R2]

상기 회귀 방정식에서 추정한 회귀계수 베타(β)가 최소분산모형의 헤지비율로 추정된 베타 값이 0.85면, 선물가격이 1.0 변동 시 현물가격은 0.85만큼 변화한다는 의미로 탄력성을 나타낸다. 한편 헤징효과는 선물을 이용해 위험회피에 대한 성과지표로 회귀 방정식의 결정계수(R2)로 측정된다.

결정계수(R2)는 선물가격 변화에 대한 현물가격의 총변화를 나타내는 값으로 0과 1 사이에서 결정계수 값이 결정된다. 추정 결과 결정계수(R2) 값이 0.92인 경우, 선물가격의 변화가 92%의 현물가격 변화를 설명한다는 의미다. 결정계수(R2) 값이 1에 근사할수록 선물가격과 현물가격 간의 선형 적합도의 관계가 크다는 의미가 된다.

[자료 4-1] KAU 현물가격 vs KAU 선물가격

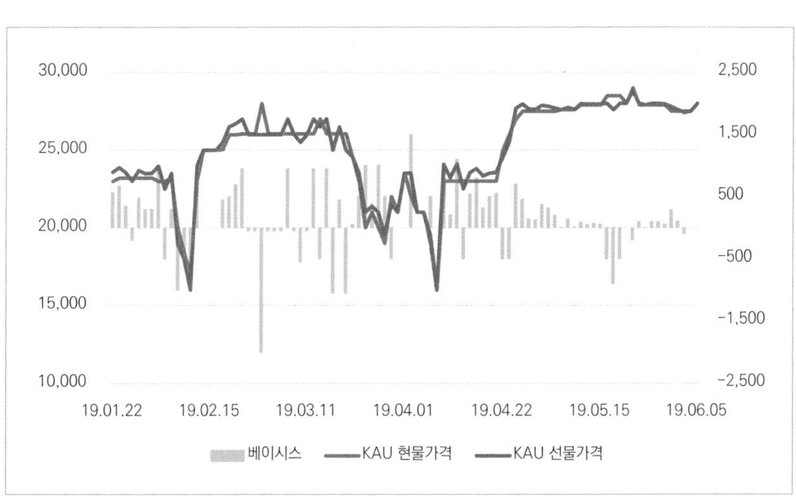

출처 : NAMU EnR 금융공학 & 리서치센터, KRX

[자료 4-1]은 탄소배출권 시장의 할당배출권(KAU) 현물가격을 기초로 가상의 선물가격을 생성한 그래프로, 가상 선물가격은 엑셀

의 난수 생성 방법을 적용해 가상 선물가격을 만들어 분석했다.

데이터 기간은 2019년 1월 22일부터 2019년 6월 5일까지로, 3개월 선물기간에 대해서 분석했다. 베이시스의 움직임은 컨탱고와 백워데이션이 반복적으로 나타나고 있고, 만기가 다가올수록 선물가격과 현물의 가격 차이인 베이시스는 0으로 수렴하는 움직임을 보이고 있다.

[자료 4-2] KAU 현물가격 vs KAU 선물가격 적합도

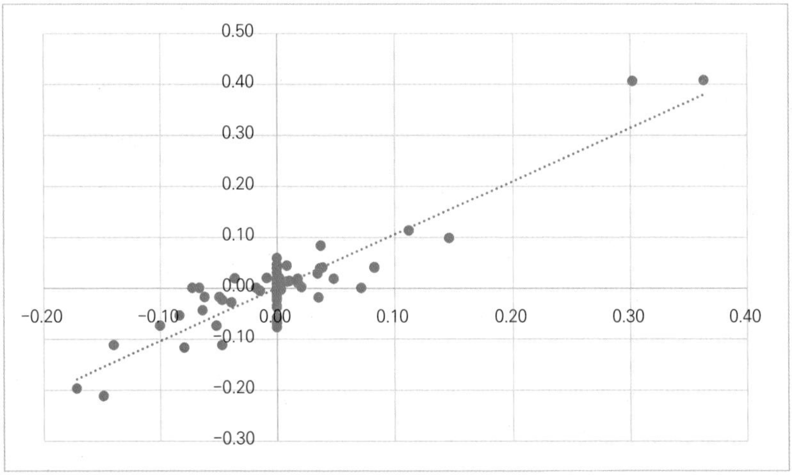

출처 : NAMU EnR 금융공학 & 리서치센터

[자료 4-2]는 KAU 현물가격과 KAU 선물가격 간의 선형 적합도를 나타내고 있는 그래프로, 분석을 위해 종가 데이터를 수익률 데이터로 환산 후 추정했다. 현물 수익률과 선물 수익률 간의 선형 적합도

는 매우 높게 나타나고 있다. 정(+)의 관계를 보여 헤징효과 또한 높은 것으로 추정되고 있다.

[자료 4-3] 회귀 방정식 추정결과

회귀분석 통계량	
다중 상관계수	0.906225
R2	0.821243
Adj R2	0.819235
표준 오차	0.028728
관측수	91

분산 분석

	자유도	제곱합	제곱 평균	F 비	유의한 F
회귀	1	0.337458	0.337458	408.88362	0.000000
잔차	89	0.073453	0.000825		
계	90	0.410911			

	계수	표준 오차	t통계량	P-값	하위 95%	상위 95%
α	0.000676	0.003012	0.224550	0.822844	-0.005309	0.006662
B	0.784924	0.038818	20.220871	0.000000	0.707795	0.862054

출처 : NAMU EnR 금융공학 & 리서치센터

[자료 4-3]은 최소분산 헤징모형인 $\Delta S_t = \alpha + \beta \Delta F_t + \epsilon_t$ 회귀 방정식을 적용한 것으로, 절편(α)은 0.000676, 헤지비율(β) 0.784924, 헤지효과(R2) 0.821243으로 각각 추정되었다.

[자료 4-3] 추정값을 이용해 실전 헤지 전략 수립 사례를 살펴보면, A기업 할당량 500,000KAU, 인증량 450,000KAU인 경우 잉여량 50,000KAU에 대해서 가격하락을 방어하기 위한 KAU 선물매도 계약 수는 다음과 같다.

$$39.25 = 0.784924 \times \frac{50,000}{1,000}$$

잉여량(할당량-인증량) 50,000KAU를 선물로 가격하락을 방어하기 위해서는 선물매도포지션으로 39.25계약을 매도하면 된다. 이 경우 헤징효과는 선물가격의 변화가 82.1%의 현물가격 변화를 설명하고 있다. 추정된 베타 값이 미래를 담보할 수 없어 수정 베타(Adj-β)를 적용할 경우 선물매도 계약 수는 42.83계약으로 증가한다.

02

탄소배출권 선물시장 이론가격

1. 보유비용모형

선물의 가치는 현물지수의 가치와 보유비용(Cost-of-Carry)의 합으로 표현된다. 보유비용(Cost-of-Carry)은 자금조달비용과 같은 개념으로 현물자산을 보유하기 위한 차입금에 대한 이자율과 보관비용 등으로 표현할 수 있다. 따라서 순보유비용(Net Cost-of-Carry)은 자금조달비용에서 현물을 보유함으로써 생기는 수입을 뺀 금액이다.

보유비용모형은 재고수준과도 매우 밀접하다. 상품의 재고가 많은 경우 희소성이 작아지면서 현물시장의 가격의 하락한다. 반면 선물시장의 가격은 상승하게 된다. 반대로 재고가 부족하면 현물시장에서 희소성이 부각된다. 현물가격은 상승하고 반대로 선물가격은 하락하게 된다.

또한 보관비용과 편익수익의 크기에 의해서도 설명이 가능하다. 보관비용이 편익수익 보다 클 경우 선물가격은 현물가격보다 높은 컨탱고 현상이 나타난다. 반대로 보관비용이 편익수익보다 작은 경우 선물가격은 현물가격보다 낮아지는 백워데이션 현상이 나타난다.

$$F = S \times [1 + (r + u - y)] \times \frac{t}{365}$$

2. 이론가격의 결정요인

(1) 현물가격(S)

선물가격은 현물가격만큼 무위험자산에 재투자해 얻은 이자에 의해 결정되므로 현물가격이 변할 때 선물가격은 '1+무위험이자율'만큼 변하게 된다.

(2) 무위험 이자율(r)

무위험 이자율이 높을수록 선물가격은 높아지게 된다. 무위험 이자율이 편익수익률 보다 높을 경우 선물이 현물보다 할증되어 거래되고 반대일 경우 할인되어 거래된다.

(3) 저장 비용(u)

원자재(원유, 천연가스, 농산물 등) 성격이 강한 상품 선물 이론가격의 경우는 현물 보관에 따르는 창고료 및 보험료 등의 저장 비용이 발생하게 된다.

(4) 편익 수익률(y)

재고는 현물보유에 대한 편익수익으로 평가된다. 재고가 많으면 편익수익은 하락하고, 반대로 재고가 적으면 편익수익은 상승하게 된다. 따라서 재고수준을 편익수익으로 전환해 적정 선물이론가격을 산정하게 된다.

(5) 잔존 만기(t)

무위험 이자율 > 편익 수익률인 경우 잔존 만기가 길수록 선물가격은 증가하고, 무위험 이자율 < 편익 수익률인 경우에는 잔존 만기가 길수록 선물가격은 낮아진다.

탄소배출권 선물이론가격

탄소배출권 선물이론가격은 매우 중요하다. 탄소배출권 선물시장의 수급에 의해서 결정되는 선물시장가격에 대해서 적정성 여부를 판단하는 근거로 활용된다. 따라서 선물이론가격과 대비해 탄소배출권 선물가격이 과대 또는 과소평가되어 거래되고 있는지의 정보를 제공한다.

– 편익수익률 미반영하는 경우

· 탄소배출권(KAU) 현물가격 : 25,000원/KAU
· 무위험 이자율(%) : 연간 3.50%
· 저장 비용(%) : 연간 1.50%
· 전존 만기(T) : 182일
· 탄소배출권 선물이론 가격 : 25,623원/KAU

– 편익수익률 반영하는 경우

· 탄소배출권(KAU) 현물가격 : 25,000원/KAU
· 무위험 이자율(%) : 연간 3.50%
· 저장 비용(%) : 연간 1.50%
· 편익 수익률(%) : 연간 2.5%
· 잔존 만기(T) : 182일
· 탄소배출권 선물이론가격 : 25,312원/KAU

3. 베이시스

베이시스란 선물가격과 현물가격의 차이를 말하며, 이는 선물거래 시 매우 중요한 의미가 있다. 즉, 투자자가 현물 투자에 대한 위험으로부터 헤지를 위해 선물거래를 한다면 가장 큰 관심은 선물가격과 현물가격의 움직임일 것이다. 이러한 선물가격과 현물가격의 차이에서 오는 위험을 베이시스 위험(Basis Risk)이라고 한다.

· 베이시스 = 선물가격 - 현물가격
· 이론가격 = 현물가격 + 금융비용 - 편익수익
· 이론 베이시스 = (현물가격 + 금융비용 - 편익수익) - 현물가격
= 금융비용 - 편익수익

이에 따라 베이시스는 현물가격, 무위험이자율, 잔존기간 등에 대해서는 정(+)의 관계를 보이지만 편익수익에 대해서는 부(-)의 관계를 보인다. 만약 선물과 현물가격 간의 차이가 일정하다면 베이시스는 변하지 않게 된다.

현물포지션(Spot Position)의 가격 움직임과 선물포지션(Futures Position)의 가격 움직임이 같다면, 현물포지션에서의 이득(손실)이 선물포지션의 손실(이득)로 완전히 상쇄된다.

따라서 이런 헤지거래(Hedge Trading)는 가격위험(Price Risk)을 완전히 제거함으로써 완전 헤지가 될 수 있다. 그러나 현실적으로 현물시장과 선물시장 간의 베이시스 리스크로 인해 가격위험(Price Risk)에서 완전히 벗어날 수 없다.

만기가 다가옴에 따라 선물과 현물가격 간의 차이가 적어 베이시스가 제로에 가까이 가면 베이시스가 축소된다고 한다. 반대로 베이시스가 제로에서 멀어지는 것을 베이시스가 확대된다고 한다.

그리고 헤지거래의 유형을 베이시스로 표현하면, 매도헤지(Short Hedge : 현물매입, 선물매도)는 베이시스 매입(Long the Basis)이라 하고 매입헤지(Long Hedge : 현물매도, 선물매입)는 베이시스 매도(Short the Basis)라 한다.

(1) 컨탱고(Contango)

컨탱고(Contango)란 선물가격이 현물가격보다 높거나 선물의 원월물 가격이 근월물의 가격보다 높은 상태를 말한다.

대부분의 선물시장은 컨탱고 상태가 정상적이라 볼 수 있다. 왜냐하면 선물가격은 현재의 현물가격에 선물 만기일까지의 보유비용 등이 고려되어야 하므로 현물가격보다 높게 형성되는 것이 상식적이기 때문이다.

이렇듯 컨탱고 상태를 당연한 현상으로 볼 수 있는 선물시장을 정상시장(Normal Market)이라고 한다. 주로 통화 및 주가지수 선물시장에서는 컨탱고 현상이 일반적으로 발생한다.

(2) 백워데이션(Backwadation)

백워데이션(Backwardation)은 선물가격이 현물가격보다 낮거나 원원물의 가격이 근원물의 가격보다 낮은 상태를 말한다.

선물시장이 백워데이션 상태에 있다면 현·선물시장에 수급 불균형이 있음을 의미한다. 선물시장이 초과공급 상태에 있어 선물가격이 저평가되어 있거나 현물시장이 초과수요 상태에 있어 현물가격이 고평가되어 있을 것이다.

백워데이션 상태를 정상적인 경우로 볼 수 있는 선물시장도 존재한다. 이를 역조시장(Inverted Market)이라고 하며, 대표적으로 에너지 및 원자재 선물시장에서 자주 발생한다.

재고는 현물보유에 대한 편익수익으로 평가된다. 재고가 많으면 편익수익은 하락하고, 반대로 재고가 적으면 편익수익은 상승하게 된다. 따라서 재고수준을 편익수익으로 전환한 뒤 선물가격 수준에 반영한다.

재고가 많아 편익수익이 무위험이자율보다 낮은 경우는 컨탱고(선물가격 > 현물가격) 현상이 나타나고, 반대로 재고가 적어 편익수익이 무위험이자율보다 높은 경우는 백워데이션(선물가격 < 현물가격) 현상이 나타난다. 적정 재고로 편익수익과 무위험이자율이 같은 경

우는 균형(선물가격=현물가격)이 된다. 결국, 적정 재고를 기준으로 현재의 재고수준을 평가해 현물 및 선물가격이 결정된다.

[자료 4-4] 컨탱고 vs 백워데이션

구분	컨탱고 (선물가격 > 현물가격)	백워데이션 (선물가격 < 현물가격)
베이시스 확대 예상	베이시스 매도거래 (현물매도/선물매입)	베이시스 매입거래 (현물매입/선물매도)
베이시스 축소 예상	베이시스 매입거래 (현물매입/선물매도)	베이시스 매도거래 (현물매도/선물매입)

출처 : NAMU EnR 금융공학 & 리서치센터

03

탄소배출권 스왑시장 이론가격

1. 플레인 바닐라 스왑

가장 대표적인 장외거래 상품으로는 스왑(Swap) 거래가 있다. 정의상 스왑은 기초자산 간의 교환이다. 동일 자산에 대해서 고정가격과 변동가격을 교환(플레인 바닐라 스왑)하는 경우가 일반적이다. 더 나아가 이종 자산 간의 고정가격과 변동가격을 교환(크로스 베이시스 스왑)하는 경우도 있다.

스왑거래의 주요 기능은 기초자산의 자산과 부채 간 가치 변동에 따른 위험을 관리하는 것이다. 계약기간 동안 변동가격에 대한 리스크를 고정가격으로 전환시킴으로써 효율적인 자산-부채 관리가 가능하다. 플레인 바닐라 스왑은 리시브포지션(롱포지션)과 페이포지션(숏포지션)으로 나뉜다.

탄소배출권 시장에서 할당배출권과 상쇄배출권을 교환하는 경우를 스왑이라고 한다. 이는 엄밀히 정의하자면 이종 상품 간 스프레드 거래를 의미한다. 탄소배출권을 대상으로 한 스왑거래의 방법을 살펴보면, 탄소배출권 자산은 가격하락 위험에 노출된 관계로 탄소배출권 리시브포지션을 취하게 된다. 이는 탄소배출권 고정가격 수취포지션으로 전환되면서 가격하락에 대한 위험을 관리할 수 있다.

이와 반대로 탄소배출권 부채는 가격상승 위험에 노출된 관계로 탄소배출권 페이포지션을 취하게 되면 탄소배출권 고정가격 지불포지션으로 전환되면서 가격상승 위험을 관리할 수 있다.

스왑거래에 있어서 가장 핵심은 기초자산에 대한 고정가격을 산정하는 것이다. 변동가격은 계약기간 동안 시장에 의해 변동되는 반면에 고정가격은 계약기간 동안 금리를 반영해서 추정해야 한다. 이를 위해서는 기간구조에 상응하는 무이표 채권금리를 이용해 스왑가격인 고정가격을 산정해야 한다.

2. 스왑시장 이론가격

스왑은 선물거래의 포트폴리오로 해석된다. 선물시장의 만기 구조가 6개월, 12개월, 18개월, 24개월, 30개월 구성되었다면 각 해당 월물의 가격 데이터를 이용해 스왑가격을 산정하게 된다. 선물시장 가격은 선물이론가격과 선물시장가격을 이용해 스왑이론가격과 스왑시장가격을 각각 산정할 수 있다. 탄소배출권 스왑가격 결정은 이자율스왑의 메커니즘을 이용해 평가한다.

[자료 4-5] 탄소배출권 스왑시장 이론가격

기간	일수	이자율	할인계수	선물이론가격
0.5y	183	4.8250%	0.976060	25,600
1.0y	366	4.3725%	0.957438	26,100
1.5y	548	4.1694%	0.940320	26,560
2.0y	731	4.1313%	0.922604	27,070
2.5y	913	4.1786%	0.904180	27,610
3.0y	1,096	4.2694%	0.884972	28,200
탄소배출권 3년 스왑시장 이론가격		26,827		

출처 : NAMU EnR 금융공학 & 리서치센터, KRX, KMB, KTB

탄소배출권(KAU) 현물시장가격이 톤당 25,000원일 때, 3년 만기 선물이론가격은 톤당 28,200원으로 추정되었다. 스왑이론가격은 현금흐름 현재가치화한 값을 가중평균한 것으로 [자료 4-5]에서와 같이 톤당 26,827원으로 산정되었다. 3년 고정가격인 스왑가격을 고정금리로 환산하면 4.1150%에 해당된다.

3. 탄소배출권 스왑거래

(1) 플레인 바닐라 스왑(Plain Vanila Swap)

플레인 바닐라 스왑은 동종 탄소배출권(KAU)에 대해 고정가격과 변동가격을 교환하는 금융기법이다. 스왑 거래 시에는 미래시점의 탄소배출권 고정가격을 추정함에 있어 이자율 기간구조를 반영해야 한다.

배출권 잉여 시 KAU Swap Receive or Long(고정수취/변동지불)을 취하게 되고, 배출권 부족 시에는 KAU Swap Pay or Short(고정지불/변동수취)를 취하게 된다.

[활용]

- 배출권 자산-부채관리 관점하에 대표적인 헤징 전략으로 가격을 고정화시킴
- 잉여(할당량〉인증량) 포지션은 배출권 가격하락 리스크에 노출
- 부족(할당량〈인증량) 포지션은 배출권 가격상승 리스크에 노출

[KAU Swap Position]

- KAU Receive : KAU 고정가격 수취+KAU 변동가격 지불

· KAU Pay : KAU 고정가격 지불+KAU 변동가격 수취

[KAU Swap Valuation]

· 기초자산(KAU)에 대한 Swap Valuation은 계약 기간의 KAU 고정가격 추정

· 기회비용 차원에서 할인계수(DF)를 이용한 선물가격의 가중평균으로 산정

· KAU16 현물가격이 17,000원일 경우, 1m KAU Swap Valuation은 17,017원

[자료 4-6] KAU Plain Vanilla Swap Position

과부족	기본포지션	리스크	스왑 포지션	순포지션
자산/잉여 (할당량 〉 인증량)	KAU 변동수취	가격하락	KAU Receive Position (KAU 고정수취+KAU 변동지불)	KAU 고정수취
부채/부족 (할당량 〈 인증량)	KAU 변동지불	가격상승	KAU Pay Position (KAU 고정지불+KAU 변동수취)	KAU 고정지불

출처 : NAMU EnR 금융공학 & 리서치센터

[탄소배출권 자산/잉여]

· 자산 : 할당량 > 인증량/잉여분은 배출권 가격하락 리스크에 노출

· KAU Receive Position을 취할 경우 순포지션이 KAU '고정가격 수취'로 전환되면서 가격하락을 방어한다.

[탄소배출권 부채/부족]

- 부채 : 할당량 < 인증량/부족분은 배출권 가격상승 리스크에 노출
- KAU Pay Position을 취할 경우 순포지션이 KAU '고정가격 지불'로 전환되면서 가격상승을 방어한다.

[자료 4-7] 탄소배출권 스왑유형

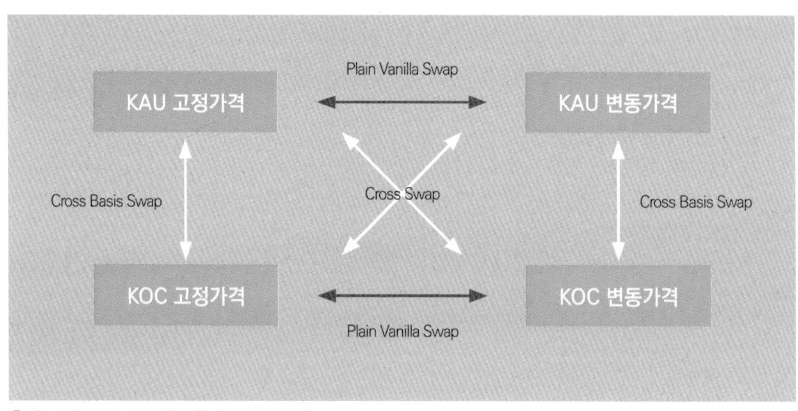

출처 : NAMU EnR 금융공학 & 리서치센터

(2) 크로스 베이시스 스왑(Cross Basis Swap)

크로스 베이시스 스왑은 상이한 탄소배출권(KAU vs. KCU)에 대해 변동가격을 교환하는 기법이다. 스왑 거래 계약기간 동안 KAU 변동가격 수취(지불)와 KCU 변동가격 지불(수취) 포지션을 취하게 된다.

즉, 배출권 잉여 시 KAU Pay Position(KAU 변동지불+KCU 변동수취)을, 배출권 부족 시에는 KAU Receive Position(KAU 변동수취

+KCU 변동지불)을 취하게 된다.

[활용]

- KAU와 KCU 간의 상대가치 평가 전략/상이한 탄소배출 간의 교환
- 잉여(할당량＞ 인증량) & KAU 고평가(KAU〉KCU)인 경우 KAU Pay Position
- 부족(할당량 ＜ 인증량) & KAU 저평가(KAU〈KCU)인 경우 KAU Receive Position

[KAU Swap Position]

- KAU Receive : KAU 변동가격 수취+KCU 변동가격 지불
- KAU Pay : KAU 변동가격 지불+KCU 변동가격 수취

[KAU Swap Valuation]

- 수급을 기반으로 할당배출권(KAU)과 상쇄배출권(KCU)의 본질 가치를 추정한다.
- 특히 상쇄배출권의 사용 제한인 5.0% 감안한 KCU의 합리적인 할인률 정해야 한다.
- 양 배출권 가격 간 기간구조에 상응하는 적정 스프레드 관리로 진입시점을 고민한다.

[자료 4-8] KAU-KCU Cross Basis Swap Position

과부족	기본포지션	리스크	스왑포지션	순포지션
자산/잉여 (할당량 〉 인증량)	KAU 변동수취	가격하락	KAU Pay Position (KAU 변동지불+KCU 변동수취)	KCU 변동수취
부채/부족 (할당량 〈 인증량)	KAU 변동지불	가격상승	KAU Receive Position (KAU 변동수취+KCU 변동지불)	KCU 변동지불

출처 : NAMU EnR 금융공학 & 리서치센터

[자산/KAU 고평가]

- 자산 : 할당량 ＞ 인증량/고평가 된 KAU 매도 & 저평가 된 KCU 매입
- KAU Pay Position을 취할 경우 순포지션이 KCU 변동가격 수취로 전환되면서 KCU 자산 확보

[부채/KAU 저평가]

- 부채 : 할당량 ＜ 인증량/저평가 된 KAU 매입 & 고평가 된 KCU 매도
- KAU Receive Position을 취할 경우 순포지션이 KCU 변동가격 지불로 전환되면서 KCU 부채 확보

4. 스왑-스프레드 Swap Spread 전략

스왑-스프레드(Swap-Spread)는 KAU와 KCU간의 가격 차이로

정의된다. 2017년 상반기 KAU 16년물의 가격 급등에 힘입어 스왑-스프레드는 2017년 2월 7일 사상 최대치인 7,300원 스프레드 폭을 보인 이후 KAU 16의 하향조정과 KCU 16의 상승세로 인해 2017년 2월 27일 기준 4,450원 수준으로 축소되었다.

'KAU=KCU=KOC' 사이의 등가관계를 감안할 경우 KAU와 KCU와의 스프레드 폭이 확대된 상황에서는 KAU 매도(Sel)l & KCU 매수(Buy) 대응이 유효하다.

[자료 4-9] 탄소배출권 스왑 스프레드 전략

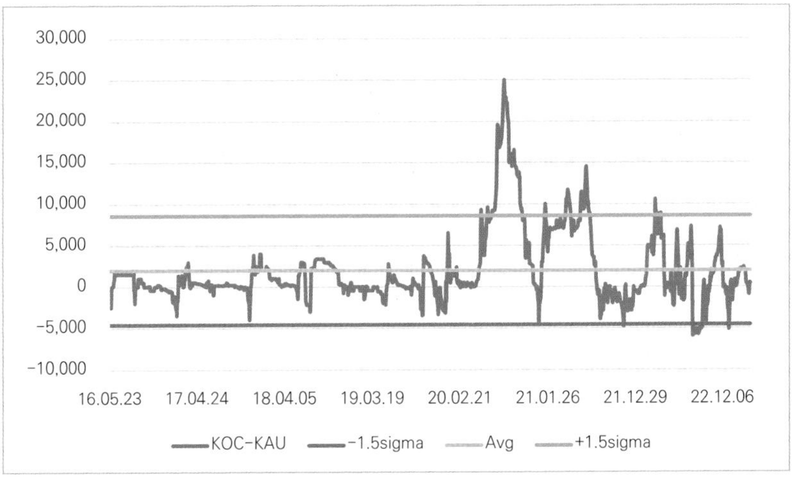

출처 : NAMU EnR 금융공학 & 리서치센터

[자료 4-9]은 KOC-KAU 가격 스프레드로 ±1.5시그마를 기준으로 스프레드를 측정한 결과이다. 상단 +8,589원과 하단 -4,582원 사

이에 KOC-KAU 스프레드 값이 자리 잡을 확률이 86.64%(±1.5시그마)라는 것을 의미한다. 상단을 초과한 경우는 KOC 매도 & KAU 매입 대응이 유효하다. 반대로 하단을 이탈한 경우는 KOC 매입 & KAU 매도 대응 전략이 확률적으로 유리하다.

[자료 4-10] 탄소배출권 파생상품 이론가격

NAMU EnR | K-ETS 탄소배출권(KAU) 장외 파생상품 이론가격 및 탄소차액계약제도(CCfDs)

■ K-ETS 탄소배출권(KAU) 장외 파생상품 프라이싱-편익수익 반영

KAU 현물가격	13,650	KAU Market Risk	27.9612%	Risk Free Rate	3.4600%

http://www.namuenr.com [Unit: KRW, KAU, ZCR, %]

만기 구조	무이표 이자율	선도 & CCfDs 가격	스왑 이론가격	콜옵션 이론가격	풋옵션 이론가격
3m	3.4600%	14,189	14,007	818	700
6m	3.5100%	14,753	14,279	1,187	953
9m	3.5000%	15,337	14,555	1,481	1,131
1y CCfDS	3.4900%	15,943	14,833	1,735	1,271
3y CCfDs	3.1600%	21,534	17,144	3,212	1,866
5y CCFDs	3.0700%	29,052	19,635	4,281	2,113
7y CCFDs	3.0500%	39,246	22,324	5,160	2,224
10y CCFDs	3.0400%	61,649	26,715	6,255	2,263

출처 : NAMU EnR 금융공학 & 리서치센터, KRX, KMB, KTB

탄소배출권 스왑거래

스왑거래는 교환으로 정의된다. 특히 금융시장에서 스왑은 변동금리와 고정금리 간의 교환인 금리스왑과 원화와 달러 간의 교환인 통화스왑으로 구분된다. 탄소시장의 경우 유럽연합 탄소시장에서의 할당배출권(EUA) 및 청정개발체제를 통해서 얻는 배출권(CER) 간의 교환이 탄소배출권의 스왑거래로 정의된다.

탄소시장에서의 대표적인 스왑거래 형태를 살펴보면 EU-ETS체제하에서 A업체는 100톤을 할당받고 100톤을 배출한 상황이다. 반면 B업체는 100톤을 할당받고 140톤을 배출한 업체로 탄소배출권의 추가적인 구입이 필요하다.

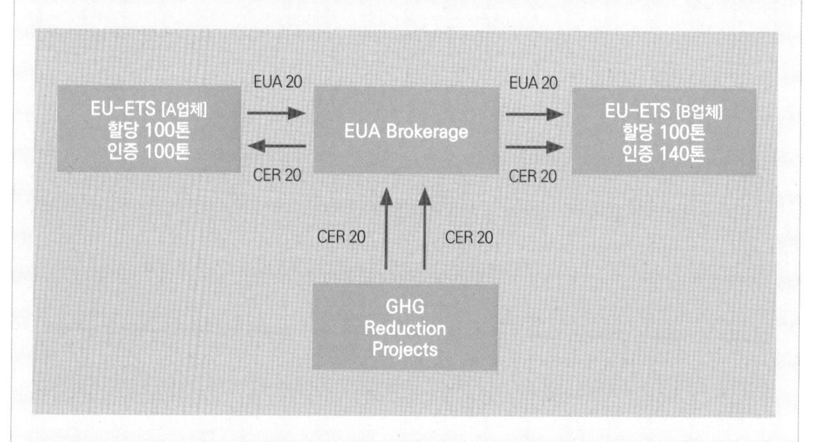

신용위험으로 EUA 가격은 CER 가격보다 항상 높은 수준에서 형성된다. 동시에 EUA와 CER 1:1 교환은 스왑거래를 촉발시키는 동인을 제공한다. A와 B업체는 EU-ETS는 Cap 한도 범위 내에서 CER 유입을 허용하고 있는 상황이다.

이러한 한도를 근거로 A업체는 일정한 한도만큼 높은 가격에 EUA의 배출권을 매각하고 그에 상응하는 한도만큼 CER 배출권을 구입해서 할당받은 부문을 채우게 된다. 이 경우 A업체는 EUA와 CER 간의 차이만큼이 탄소배출권 스왑거래를 통한 이익이 얻게 된다.

또한 B업체의 경우도 할당받은 한도에 대해서 가격이 낮은 CER로 의무 할당을 이행함에 따라 A와 B 모두 유리하게 된다. 따라서 탄소배출권 스왑거래 기회 포착은 EUA와 CER에 대한 가격결정 요인에 대한 사전적인 분석이 요구된다.

04 탄소배출권 레포거래 전략

1. 제네틱 레포 Genetic Repo

레포(Repo) 거래는 탄소배출권 현물을 매매하는 동시에 미래의 특정시점에 반대매매 할 것을 약정하는 거래다. 형식적으로는 탄소배출권 매매이나, 실질적으로는 담보부 자금거래의 성격을 가지고

[자료 4-11] 탄소배출권 레포거래 전략

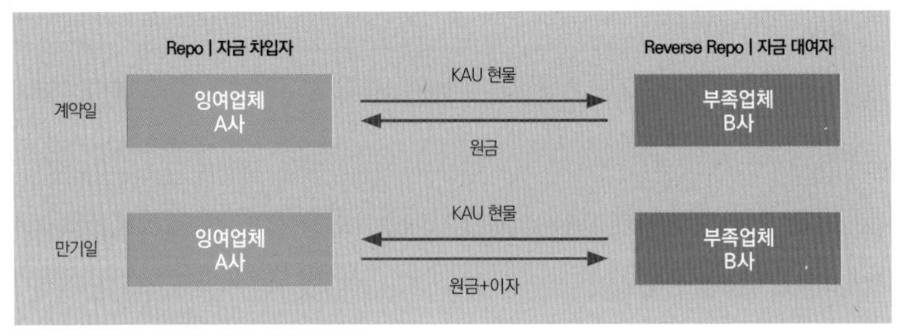

출처 : NAMU EnR 금융공학 & 리서치센터

있어 배출권 자산-부채 관리에 있어 효율적인 금융거래 기법이다.

탄소배출권 잉여업체의 경우 배출권을 담보로 제공한 후 자금을 차입하게 된다. 만기 시 원금과 이자를 상환하고, 동시에 담보로 제공한 탄소배출권을 회수한다. 잉여업체는 차입한 자금으로 새로운 사업 확장이 가능하다.

탄소배출권 부족업체의 경우 부족업체는 레포 거래를 통해 탄소배출권 확보 및 과징금 부담을 회피할 수 있다. 더 나아가 자금 대여에 대한 이자수익도 발생한다. 그러나 만기 시에 상환해야 할 배출권 가격이 상승할 경우 부담으로 작용할 수 있다.

[활용]

- 계약 기간 : 2017년 1월 2일~2017년 3월 31일(89일)
- KAU 16년물 가격 : 톤당 25,000원
- KAU 16년물 수량 : 200,000KAU
- 보전비율 : 0.00%
- Repo Rate : 2.50%
- KAU 16년물 원금 : 5,000,000,000원
- 이자 : 30,902,778원
- 만기시 잉여업체가 상환할 원리금은 5,030,902,889원

2. 셀&바이백 레포 Sell & Buy-Back Repo

미래에 교환되는 기준이 금리냐 가격이냐에 따라 Genetic Repo와 Sell&Buy-Back Repo로 구분할 수 있다. 계약 간에 차이점이 있으나 그 본질은 같다. Repo 금리수준에 대해 기간을 고려한 가격 수준의 거래가 Sell&Buy-Back Repo이다.

[자료 4-12] 탄소배출권 S&B vs B&S 전략

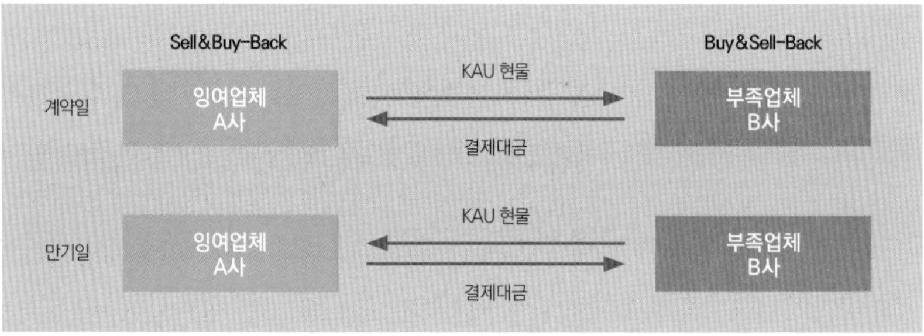

Sell&Buy-Back
Buy&Sell-Back
계약일
잉여업체 A사
KAU 현물
결제대금
부족업체 B사
만기일
잉여업체 A사
KAU 현물
결제대금
부족업체 B사

출처 : NAMU EnR 금융공학 & 리서치센터

[활용]

- 계약 기간 : 2017년 1월 2일~2017년 3월 31일(89일)
- KAU 16년물 현물가격 : 톤당 25,000원
- KAU 16년물 선물가격 : 톤당 25,155원
- KAU 16년물 수량 : 200,000KAU
- KAU 16년물 현물 시가총액 : 5,000,000,000원
- KAU 16년물 선물 시가총액 : 5,030,902,778원
- 이론 베이시스 : 30,902,778원

3. Genetic Repo와 Sell&Buy-Back Repo 비교

Repo 거래는 대표적으로 Generic Repo와 Sell&Buy-Back Repo거래로 대별된다.

Generic Repo(기준금리+알파)=Sell&Buy-Back Repo(시장 베이시스)의 관점에서 접근 할 경우 알파부문은 계약시점에서 결정된다.

그러나 시장 베이시스는 파생상품 시장에서 결정되는 만큼 양자간의 형성되는 금리 및 가격부문은 차이가 발생하게 된다. 따라서 Generic Repo와 Sell&Buy-Back Repo는 개념적으로는 동일한 상품으로 이해될 수 있으나 실무적인 차원에서 결정되는 캡(알파 vs. 시장 베이시스)으로 인해 양 거래 간에는 차익거래의 기회가 발생하게 된다.

[자료 4-13] Genetic Repo와 Sell&Buy-Back Repo

구분	Genetic Repo	Sell&Buy-Back Repo
계약 형태	단일 계약	이중 계약
증거금	유	무
계약 기간	장기	단기/중기
거래 비용	대	소
협약서	유	무
거래 기준	금리기준	가격기준
거래 유형	장외 파생	장외 파생

출처 : NAMU EnR 금융공학 & 리서치센터, Das Swap & Derivative Financing

Part 05

탄소배출권 대응 및 투자 전략

탄소배출권거래제는 할당대상업체의 온실가스 배출 감축목표 달성과 배출활동에 따른 배출권 제출 시, 시장을 통한 배출권거래 외에도 다양하고 유연한 방법을 활용하도록 허용되고 있다. 자산-부채 차원에서 유무상할당에 따른 대응 전략과 유연성 메커니즘(Flexible Mechanism) 전략을 활용할 수 있다.

유연성 메커니즘의 대표적인 것으로는 이월 및 차입, 조기감축실적, 상쇄제도로 분류된다. 이들 방법은 온실가스 감축대응 방안들로 감축 원가와 탄소배출권 시장가격 간의 비교우위 분석으로 전략적인 감축대응 옵션들이다.

잉여업체의 경우 매도, Sell&Buy(매도와 매입), 이월을, 반면 부족업체의 경우 매입, Buy&Bell(매입과 매도), 차입에 대해 고민해야 하는 상황이다. 이 장에서는 탄소배출권거래제 대응에 있어 파생상품을 이용한 실질적이고 구체적인 대응 방안들을 살펴보겠다.

01

탄소배출권 자산-부채관리 전략

1. 탄소배출권 자산Asset 관리 전략

배출권 수량관점에서 할당량이 인증량보다 많은 경우 배출권에 대한 자산관리 영역에 해당된다. 한편 배출권 가격관점에서는 최적 균

[자료 5-1] 탄소배출권 자산 및 선물 매도 전략

KAU Asset		KAU Futures Short Position	
▶ 할당량(KAU)	50,000	▶ 인증량(KAU)	45,000
▶ 잉여량(KAU)	5,000	▶ KAU Futures 계약수	-5.00
Date	KAU Spot	Date	KAU Futures
'22.01.10 '22.12.20	₩45,000 ₩30,000	'22.01.10 '22.12.20	₩47,000 ₩30,000
KAU Spot P/L	-₩75,000,000	KAU Futures P/L	₩85,000,000
Net P/L		₩10,000,000	

출처 : NAMU EnR 금융공학 & 리서치센터

형가격 대비 시장가격이 고평가되어 있는지 아니면 저평가되어 있는지에 따라 매도대응 전략과 이월대응 전략으로 구분된다.

[자료 5-1]은 잉여 탄소배출권에 대한 위험관리로 탄소배출권 선물포지션 대응 시 손익결과를 분석한 표다. 할당량 50,000톤, 인증량 45,000톤으로 잉여량이 5,000톤인 경우 선물매도 5계약을 매도할 경우 현물시장의 손실을 선물시장에서 이익으로 가격하락 위험을 제거하고 있다.

현물시장의 가격이 톤당 45,000원에서 톤당 30,000원으로 하락해 75,000,000원 손실을 본 반면에 선물시장에서는 매도를 통해 톤당 47,000원에서 톤당 30,000원으로 하락함에 따라 85,000,000원 이익이 발생해 순이익은 10,000,000원 발생했다.

2. 탄소배출권 부채Liability 관리 전략

배출권 수량관점에서 할당량이 인증량보다 적은 경우 배출권에 대한 부채관리 영역에 해당된다. 한편 배출권 가격관점에서는 최적균형가격 대비 시장가격이 고평가되어 있는지 아니면 저평가되어 있는지에 따라 매입대응 전략과 차입대응 전략으로 구분된다.

[자료 5-2] 탄소배출권 부채 및 선물 매입 전략

KAU Liability		KAU Futures Long Position	
▶ 할당량(KAU)	50,000	▶ 인증량(KAU)	55,000
▶ 부족량(KAU)	-5,000	▶ KAU Futures 계약수	5.00
Date	**KAU Spot**	**Date**	**KAU Futures**
'22.01.10	₩27,000	'22.01.10	₩25,000
'22.12.20	₩30,000	'22.12.20	₩30,000
KAU Spot P/L	-₩15,000,000	KAU Futures P/L	₩25,000,000
Net P/L		₩10,000,000	

출처 : NAMU EnR 금융공학 & 리서치센터

[자료 5-2]는 부족 탄소배출권에 대한 위험관리로 탄소배출권 선물포지션 대응에 따른 손익결과를 보여주고 있다. 할당량 50,000톤, 인증량 55,000톤으로 부족량이 5,000톤인 경우 선물매도 5계약을 매입할 경우 현물시장의 손실을 선물시장에서 이익으로 가격상승 위험을 제거하고 있다.

현물시장의 가격이 톤당 27,000원에서 톤당 30,000원으로 상승해 15,000,000원 손실을 본 반면에 선물시장에서 매입대응으로 톤당 25,000원에서 톤당 30,000원으로 하락함에 따라 25,000,000원 이익이 발생해 순이익은 10,000,000원 발생했다.

[자료 5-3] 탄소배출권 대응 및 투자 전략

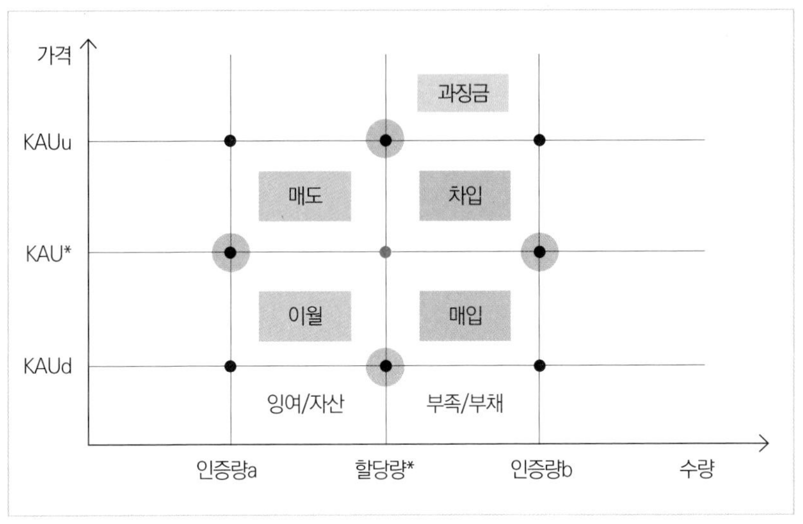

출처 : NAMU EnR 금융공학 & 리서치센터

02 이월대응 전략 및 차입대응 전략

1. 이월대응 전략

이월(Banking)은 할당량보다 배출량이 적은 경우, 잉여분에 대해 현 계획기간 내의 다음 이행연도 또는 다음 계획기간의 최초 이행연도로 이월이 가능하다. 잉여분에 대한 이월 후 리스크는 탄소배출권의 가격하락과 탄소배출권 처분 리스크에 노출된다.

이월 목적은 향후 탄소배출권 가격의 상승전망 전제되는 대응 전략이며, 이월 이후 잉여 탄소배출권 처분에 대한 고민과 더불어 가격하락 위험을 방어하기 위해 탄소배출권 선물매도포지션 대응이 필요하다.

탄소배출권 이월대응

[사례 1]

- 2021년 할당량 50만 톤, 인증량 40만 톤
- 잉여분 : 10만 톤
- 순매도(매도-매수) : 2만 톤, (20.0%)
- 잔여 잉여분 : 8만 톤
- 2022년의 이월물량 : 4만 톤(2만 톤×2배), (40.0%)
- 추가매도 물량 : 4만 톤(잔여 잉여분 8만 톤 - 이월물량 4만 톤), (40.0%)

[사례 2]

- 2021년 할당량 50만 톤, 인증량 40만 톤
- 잉여분 : 10만 톤
- 순매도(매도-매수) : 3.3만 톤, (33.3%)
- 잔여 잉여분 : 6.7만 톤
- 2022년도로의 이월물량 : 6.7만 톤(3.3만 톤×2배), (66.7%)
- 추가매도 물량 : 0만 톤(잔여 잉여분 6.7만 톤 - 이월물량 6.7만 톤), (0.0%)

[자료 5-4] 탄소배출권 이월 및 선물매도 전략

구분	KAU21	KAU22	KAU23	Total
할당량	500,000	500,000	500,000	1,500,000
인증량	450,000	480,000	420,000	1,350,000
잉여	50,000	20,000	80,000	150,000
현물이월	25,000	15,000	15,500	18,600
선물매도	22,000	14,500	12,000	15,667
가격차	3,000	500	3,500	2,933
손익	150,000,000	10,000,000	280,000,000	440,000,000

출처 : NAMU EnR 금융공학 & 리서치센터

[자료 5-4]는 제3차 계획 기간 중 1단계 기간인 2021년부터 2023년 기간 동안 잉여분에 대한 이월대응 시 가격하락 리스크를 선물 매도 대응으로 헤징한 사례다. KAU21년도 잉여분 50,000톤에 대해 선물 매도로 150,000,000원 이익이 발생했고 KAU22년도 잉여분 20,000톤에 대해서도 10,000,000원, KAU23년물의 경우는 280,000,000원 이익이 발생해 총 440,000,000원 누적 수익이 발생했다.

2. 차입대응 전략

차입(Borrowing)은 할당량보다 배출량이 큰 경우, 부족분에 대해 계획기간 내 다른 이행연도에서 차입이 가능하나 다음 계획기간에서 차입은 불가능하다. 부족분에 대한 차입 후 리스크는 탄소배출권의 가격상승과 탄소배출권 확보 리스크다.

차기 이행연도의 할당량에서 차입이 가능한 만큼 향후 배출권 가격의 하락전망이 예상될 때 유효한 전략이다. 차입 이후에는 탄소배출권 확보와 더불어 가격상승 위험을 관리하기 위해서 탄소배출권 선물매입포지션 대응이 요구된다.

탄소배출권 차입대응

[사례 1]

- 2021년도 할당량 40만 톤, 인증량 50만 톤 | 2022년도 할당량 40만 톤
- 부족분 : 10만 톤
- 차입 물량(인증량의 15.0%) : 7.5만 톤
- 추가 매입 물량 : 2.5만 톤
- 과부족 0만 톤(부족분 10만 톤 – 차입 7.5만 톤 – 추가매수 2.5만 톤)
- 2022년도 수정 할당량 32.5만 톤(40만 톤 – 7.5만 톤)

[사례 2]

- 2021년도 할당량 40만 톤, 인증량 50만 톤 | 2022년도 할당량 40만 톤
- 부족분 : 7.5만 톤
- 차입 물량(인증량의 15.0%) : 7.5만 톤
- 추가 매입 물량 : 0만 톤
- 과부족 0만 톤(부족분 7.5만 톤 – 차입 7.5만 톤)
- 2022년도 수정 할당량 32.5만 톤(40만 톤 – 7.5만 톤)

[자료 5–5] 탄소배출권 차입 및 선물매입 전략

구분	KAU21	KAU22	KAU23	Total
할당량	500,000	500,000	500,000	1,500,000
인증량	550,000	520,000	580,000	1,650,000
부족	-50,000	-20,000	-80,000	-150,000
현물차입	25,000	15,000	15,500	18,600
선물매입	22,000	14,500	12,000	15,667
가격차	3,000	500	3,500	2,933
손익	150,000,000	10,000,000	280,000,000	440,000,000

출처 : NAMU EnR 금융공학 & 리서치센터

[자료 5-5]는 제3차 계획 기간 중 1단계 기간인 2021년부터 2023년 기간 동안 부족분에 대한 차입대응 시 가격상승 리스크를 선물 매입대응으로 헤징한 사례다. KAU21년 부족분 50,000톤에 대해 선물매입으로 150,000,000원 이익이 발생되었고 KAU22년 잉여분 20,000톤에 대해서도 10,000,000원, KAU23년물의 경우는 280,000,000원 이익이 발생해 총 440,000,000원 누적 수익이 발생했다.

[자료 5-6] 탄소배출권 거래 국면별 대응 전략

구분	과부족	위험	전략	자산부채	위험관리
차입	부족	가격상승	유연성대응	부채	선물매입
자산	잉여	가격하락	시장대응	자산	선물매도
이월	잉여	가격하락	유연성대응	자산	선물매도
부채	부족	가격상승	시장대응	부채	선물매입

출처 : NAMU EnR 금융공학 & 리서치센터

03 온실가스 감축 프로젝트와 위험관리 전략

탄소배출권거래제에 있어 대응 전략은 매우 다양하다. 그중 CDM 프로젝트나 외부감축사업(KOC)을 통한 감축사업이 가장 대표적이다. 온실가스 감축사업을 통한 탄소배출권의 확보를 위해서는 감축할 프로젝트들에 대해서 감축 원가의 분석이 전제되어야 한다. 즉, 탄소배출권 시장가격과 감축 프로젝트의 감축원가를 비교해 감축 프로젝트의 감축원가가 저렴할 경우 감축 투자 집행으로 배출권을 확보하게 된다.

감축 프로젝트 진행에 있어 한계감축비용은 고정가격의 성격이다. 따라서 상대적 비교 대상이 되는 시장가격을 고정가격화해서 대응해야 한다. 탄소배출권 가격은 변동가격으로 감축 프로젝트의 원가보다 낮게 형성될 위험에 노출되어 있다. 감축 프로젝트 진행으로 탄소배출권을 확보하고자 할 경우 탄소배출권의 시장가격을 고정가

[자료 5-7] 온실가스 감축 프로젝트와 위험관리

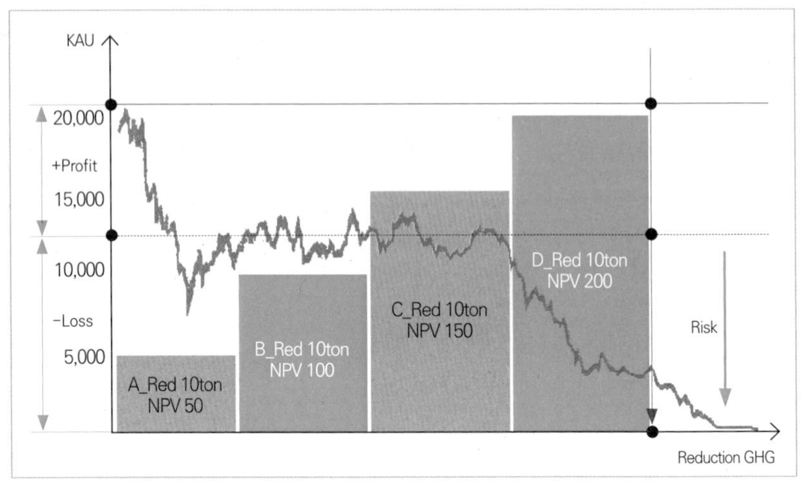

출처 : NAMU EnR 금융공학 & 리서치센터

격화한 후 프로젝트를 진행해야 한다.

감축 프로젝트가 A, B, C, D로 구성, 프로젝트를 추진할 경우 가중 평균 감축원가는 톤당 12,500원으로 산정된다. 사업 초기 탄소배출권 시장가격이 톤당 20,000원으로 형성되어 있어 감축 프로젝트를 진행했다. 그러나 탄소배출권 시장가격이 점진적으로 하락해 톤당 12,500원 이하로 형성되면 프로젝트의 역마진이 발생하게 된다. 따라서 이 경우 탄소배출권 선물매도포지션으로 가격하락에 대한 위험관리를 해야 한다.

[자료 5-8] GHG 감축프로젝트와 선물 매도대응

GHG Reduction Project		KAU Futures Short Position	
▶ KOC 감축원가	5,000	▶ KAU Price-KOC Price	
▶ KOC 확보물량	10,000	▶ KAU Futures 계약수	-10.00
Date	KAU Spot	Date	KAU Futures
'22.01.10	₩40,000	'22.01.10	₩42,000
'22.12.20	₩25,000	'22.12.20	₩25,000
KAU Spot P/L	-₩150,000,000	KAU Futures P/L	₩170,000,000
Net P/L		₩20,000,000	

출처 : NAMU EnR 금융공학 & 리서치센터

[자료 5-8]은 외부감축사업을 통해 확보한 배출권(KOC)의 가격 하락을 탄소배출권 선물매도로 헤징한 사례다. KAU 현물가격은 톤당 45,000원이고 KOC의 감축원가는 톤당 5,000원으로 양 배출권의 가격 차이가 톤당 40,000원 차익거래가 가능하다.

그러나 2022년 말 현물시장 가격이 톤당 30,000원으로 하락해 배출권 간 가격 차이가 톤당 25,000으로 축소되면서 150,000,000원 손실이 발생했다. 반대로 선물시장에서 선물 매도 결과 170,000,000원 수익이 발생되면서 전체적으로 20,000,000원 수익이 발생했다.

탄소배출권 상쇄배출권 대응

- 상쇄배출권(KCU) : 할당배출권에 대한 부족분을 상쇄배출권으로 제출하는 제도
- 외부감축실적(KOC) : 할당대상업체 조직경계 외에서 외부감축사업으로 얻은 배출권
- 외부감축실적(KOC)을 상쇄배출권(KCU)으로 전환 후 제출
- 이행기간별 상쇄배출권 이용한도 설정(제3차 계획기간 5.0% 한도)
- 상쇄배출권 리스크 : 배출권 확보 리스크 & 배출권 가격상승 리스크

[사례]

- 2021년도 할당량 40만 톤, 인증량 50만 톤
- 부족분 : 10만 톤
- 상쇄배출권 물량(인증량의 5.0%) : 2.5만 톤
- 차입 물량(인증량의 15.0%) : 7.5만 톤
- 과부족 0만 톤(부족분 10만 톤 – 상쇄배출권 2.5만 톤 – 차입 7.5만 톤)
- 외부감축실적(KOC)을 상쇄배출권(KCU)으로 전환 후 제출

[발전회사 배출권거래 사례연구 1 : A사]

발전회사인 A사는 삼천포에 위치한 해양수력발전소에 대해 2008년 2월 유엔에서 청정개발체제(CDM) 인증을 받아 10년 동안 연간 2만 1,189톤의 탄소배출권을 부여받았다. A사는 10년 기한의 탄소배출권 중 5년치 10만 5,945톤의 탄소배출권을 온실가스 감축대상국인 일본이나 유럽연합(EU)을 상대로 판매할 계획이다.

A사는 톤당 15유로 이상을 제시하는 매수자가 나타나면 탄소배출권을 매각한다는 방침을 세웠다. 톤당 15유로에 거래되면 A사는 5년 동안 158만 9,175유로(약 25억 원)의 수입을 얻게 된다. A사는 발리-로드맵에 따라 오는 2013년부터 한국도 의무감축대상국으로 지정될 것에 대비해 남은 5년 동안의 탄소배출권 판매는 유보해뒀다.

이번에 A사가 활용하는 ACX는 싱가포르에 본사를 두고 탄소배출권을 온라인상에서 거래하도록 하는 국제적인 플랫폼이다. 2008년 5월 21일 한국 버전을 오픈했고 여기서는 CDM 인증을 받은 국내 기업들과 이들로부터 탄소배출권을 사려는 외국업체들 간에 매월 1회씩 거래가 이루어진다.

[발전회사 배출권거래 사례 연구 2 : B사]

국제무대에서 온실가스를 줄여 더 큰 수익을 창출할 수 있는 기회는 청정개발체제(CDM)다. CDM사업으로 성과를 내고 있는 대표적인 국내 기업은 정밀화학업체인 B사다. 이 회사는 오스트리아 카본 측에서 115억 원을 투자받아 전남 여수 질산공장 3곳에 온실가스 일종인 아산화질소(N2O) 저감장치를 설치했다. 이를 통해 N2O를 연간 145만 톤을 줄이게 됐다.

2006년 1월 유엔에 등록을 완료했고, 투자자인 카본은 온실가스를 줄인데 따른 배출권을 독일 전력회사에 판매했으며 수익을 3분기부터 B사와 배분하기 시작했다. 이를 통해 탄소배출권 판매로 18억 원 수익을 거뒀다.

배출권 판매로 생기는 수익금 분배율은 2007~2012년 카본 75.85%, B사 22.15%, 유엔 2.0%이다. 2013년부터는 B사가 저감시설 소유권을 이전받게 되고 향후 수익은 전부 B사가 갖는다. 배출권 가격을 톤당 13유로로 가정하면 B사는 총수익 1,885만 유로 중 22.15%인 417만 유로(약 65억 원)의 수익을 얻게 된다.

04

공급인증서 시장과 탄소배출권 시장 연계 전략

2020년 12월 15일, 정부는 기후위기 대응을 위해 '2050 장기저탄소발전전략(LEDS)'과 '2030 국가온실가스감축목표(NDC)' 정부안을 국무회의에서 확정했다. 주요 내용을 살펴보면 장기저탄소발전전략은 '지속가능한 녹색사회 실현을 위한 대한민국 2050 탄소중립 전략'으로 '2050년 탄소중립을 목표로 나아가겠다'는 비전 아래 5대 기본방향과 부문별 추진 전략을 제시했다.

정부는 2021년 10월에 2030년 국가온실가스감축목표를 2018년 배출량 대비 40.0%로 설정했다. 이전 2018년 대비 26.3% 감축보다 목표를 대폭 강화한 것이다. 이와 함께 민간 기업이 사용하는 전력량의 100%를 재생에너지로 충당하는 RE100(Renewable Energy 100) 글로벌 캠페인이 확산됨에 따라 장기저탄소발전전략(LEDS)과 NDC 달성을 위한 정책 추진도 가속화될 전망이다.

2050 탄소중립과 국가온실가스감축목표 달성을 위해서는 공급인증서 시장, 탄소배출권 시장, RE100 시장 간 유기적인 연계가 필요하다. 공급인증서(REC, Renewable Energy Certificate)의 경우, 신재생에너지를 이용한 전력공급 인증서를 전력거래소를 통해 거래가 가능하다.

탄소배출권 외부사업 감축실적(KOC, Korea Offset Credits)은 배출권거래제의 할당대상업체가 아닌 외부업체가 감축한 배출권으로 한국거래소에서 거래되고 있다. 2021년 1월 11일, 한국에너지공단은 RE100 인증서(REC) 거래 시장 시범사업을 공고함에 따라 공급인증서 시장에도 훈풍이 불 것으로 예상된다.

REC 시장은 2012년 2월 28일 현물시장 개설 이후, 2016년 3월 1일 태양광 시장과 비태양광 시장 통합을 거쳐 2017년 3월 28일에는 양방향 현물시장이 개장되어 운영되고 있다. ETS 시장은 2015년 1월 12일 개장된 이후 2016년 4월 6일 상쇄배출권(KCU)이 상장되었다. 2016년 5월 23일에는 외부사업감축실적(KOC) 시장이 개설되었다.

양시장 운영에 있어서 나타난 공통적인 특징은 수급 불균형의 요인이 가격급등락으로 이어지고 있다는 점이다. REC 시장은 공급우위로 가격하락세를 보인 반면, ETS 시장은 일부 시기를 제외하고는 수요우위로 탄소배출권 가격이 상승세를 보인다는 점이다.

2020년 12월 24일 기준 REC가격은 2017년 3월 28일 대비 66.17% 하락한 반면에 탄소배출권 가격은 34.15% 상승세를 기록했다. 이처럼 상반된 가격 행태는 이원화된 시장구조에 기인한다.

원론적인 관점에서 보면, 신재생에너지를 이용한 발전량의 증가는 화석연료 발전량의 감소며, 국가 온실가스 감축으로 이어진다. 이에 따라 탄소배출권 시장에서는 탄소배출권 수요감소로 배출권 가격은 하락해야 한다. 그러나 현실은 전혀 다른 가격 추세를 보이고 있다.

REC 시장은 2021년에 10년 차가 되었고, 탄소배출권 시장은 7년 차에 접어들고 있다. 적지 않은 시간 속에 많은 제도 개선과 시행착오를 거치면서 시장다운 모습으로 변모를 꾀하고 있었다. 그러나 시장 연계 및 통합이 배제된 상태에서 양 시장의 안정적 성장세는 한계가 있다. 시장 통합이 이루어질 경우 수급개선을 통한 양 시장의 가격 안정화는 정착될 것으로 전망된다.

[자료 5-9] REC가격 vs KAU가격

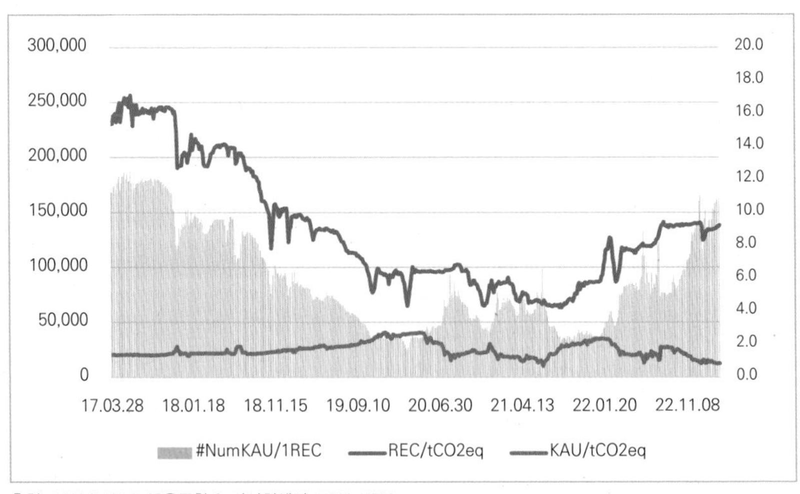

출처 : NAMU EnR 금융공학 & 리서치센터, KRX, KPX

[자료 5-9]는 상대가치 비교를 위해 REC가격을 톤(tCO2eq)으로 환산한 후 KAU가격과 비교했다. 분석 결과 KAU가격이 상대적으로 저렴해, KAU매입과 REC매도의 차익거래가 가능한 것으로 분석되었다.

정부는 RE100 글로벌 캠페인에 본격적으로 참여할 수 있는 기반을 구축하기 위해 2021년 1월부터 한국형 RE100(K-RE100) 거래 시스템을 본격적으로 개설, 운영하고 있다. RE100은 Renewable Energy 100의 약자로, 2050년까지 전력의 100%를 재생에너지로 대체하거나 REC를 구매해 기후변화에 대응하는 자발적 캠페인이다.

K-RE100은 전기 소비자가 한국에너지공단의 K-RE100 관리 시스템을 통해 재생에너지 사용실적을 제출하고 재생에너지 사용 확인서를 발급받아 RE100 캠페인 참여 등 다양한 용도로 활용하려는 것이다.

RE100 이행수단으로는 녹색프리미엄, REC 구매, 제3자 전력거래계약(PPA), 지분 투자, 자체건설 등의 방법으로 기업들의 RE100 참여와 함께 ESG(환경·사회·지배구조) 경영확산을 가속화시킬 것으로 전망된다.

글로벌 RE100 참여기업들의 RE100 이행수단은 REC 구매 42%, 녹색프리미엄 30%, PPA 26%, 자가발전 2% 순으로 되어 있다. REC 구매 비중이 높은 만큼 RE100거래가 활성화될 경우 공급우위에 대한 수급개선과 함께 안정적인 가격형성이 기대된다.

RE100 참여 기업들이 REC를 구매할 경우, RE100 이행뿐만 아니라 온실가스 감축실적으로 인정, ESG 경영활동 등의 일석삼조(一石三鳥) 효과를 얻게 된다. 특히, 온실가스 감축실적으로 인정하는 것은 양 시장의 연계라는 관점에서 큰 의미를 갖는다. 즉, REC를 온실가스 감축실적으로 인정할 경우 배출권 시장에서 초과수요를 줄여 배출권 가격상승 압력을 줄일 수 있다.

2021년 8월 20일 K-RE100 개장 이후 첫 거래가 체결되었다. 거래단가와 거래량은 1MWh당 4만 9,040원, 거래량은 879MWh다. 특이한 점은 RPS 시장에서는 REC 기준으로 매매가 이루어지는 반면, K-RE100 시장에서는 매도자의 경우 REC를 공급하고 매수자는 REC를 전력량(MWh)으로 환산해 매수하게 된다는 점이다.

예를 들면, 태양광발전으로 20MWh을 발전한 매도자는 가중치 1.5배를 감안해 REC는 30REC 환산된다. 공급인증서 단가가 4만 원/REC이면 매도정산금액은 120만 원이 된다. 반대로 매수자는 20MWh(=30REC/1.5배)로 전력량 환산 후 전력 단가 6만 원/MWh(=4만 원×1.5배)를 반영해 120만 원의 매수정산금액을 정산하게 된다.

탄소배출권으로 환산해 평가할 경우 REC 기준으로는 13.2tCO2eq에 해당되며, 전력량(MWh) 기준으로는 8.8tCO2eq로 평가된다. 정산금액을 이용해 단가를 역산한 후 탄소배출권 시장가격과 비교하는 차익거래도 가능하다.

차익거래 관점에서 보면, 녹색프리미엄 가격과 탄소배출권 가격 수준을 톤당 기준으로 비교한 결과, 녹색프리미엄 가격은 제1, 2차 계획기간 중 톤당 32,972원, 29,133원으로 탄소배출권 가격은 톤당 22,355원으로 32.2% 저평가되어 거래되고 있다.

최근 들어 2050 탄소 중립 및 2030년 국가 온실가스 감축목표(2018년 대비 40% 감축) 달성, ESG 지속가능 경영확산 등의 기후변화 이슈가 부각되고 있다. 이러한 이슈의 중심에는 신재생에너지 시장과 탄소배출권 시장이 핵심이라고 단정지어도 과언이 아니다.

| 참고문헌 및 자료 |

- EEX(European Energy Exchange), https://www.eex.com/en
- Europe Economics analysis of ICE statistics and Carbon Market Data.
- EU-ETS Handbook.
- ICAP(International Carbon Action Partnership), Emission Trading Worldwide, The state of play of cap-and-trade in 2018.
- ICAP(International Carbon Action Partnership), China National ETS, Last Update: 9 August 2021.
- ICE Futures Europe, The Emission Market, 2013.
- Julien Chevallier, Yannick Le Pen, Benoît Sévi, Options introduction and volatility in the EU ETS, 32nd IAEE conference, 2009.
- REFINITIV, Review of Carbon Markets in 2020, 26 January 2021.
- The Energy research Centre of the Netherlands(ECN), "The Impact of the EU ETS on Electricity Prices", 2008.
- Das, Swap & Derivative Financing

- 국회기후변화포럼, 3차 국가 배출권 할당 계획 핵심과 쟁점은?, 2020. 7.
- 기획재정부, 환경부, 제3차 배출권거래제 기본계획(안), 2019. 12.
- 온실가스 배출권거래제 제3차 계획기간(2021~2025년) 국가 배출권 할당계획(안), 2020. 9, 환경부.
- 한국금융연구원, 탄소배출권 파생상품시장 도입방안 연구 최종보고서, 2017.
- 환경부, 제2차 기후변화대응 기본계획 공청화, 2019. 9.
- 환경부, 제2차 배출권거래제 시장정보 포럼, 2020. 1, 한국환경공단.
- 환경부, 제1차 배출권거래제 시장정보 포럼, 2019. 12, 한국환경공단.
- 환경부, 제2차 계획기간 배출권 할당계획(안) 공청회, 2018. 7.

- 2030 국가온실가스 감축목표(NDC) 상향안, 관련부처 합동
- 2022 제2차 기후변화 전문가 포럼, 환경부 온실가스정보센터
- 제10차 전력수급 기본계획 실무안, 산업통상자원부
- 2020 배출권거래제 운영결과보고서, 온실가스정보센터

- 〈한국경제신문〉 머니이스트, 김태선의 탄소배출권
- 〈서울파이낸스〉, 제6~8회 에너지·탄소 포럼
- 〈에너지경제신문〉, 연내발표, 배출권거래제 개편방향은
- NAMU EnR, 2023 K-ETS KAU Annual Outlook
- NAMU EnR, K-ETS 월간 동향 및 전망 리포트
- NAMU EnR, K-ETS 이슈 리포트
- NAMU EnR, K-ETS 대응전략 리포트
- 한-유럽 ETS 협력사업, ETS 거래전략 및 시뮬레이션

- 《탄소시장의 비밀》, 경문사, 김태선
- 《에너지·탄소시장개론》, 경문사, 김태선 외 2인
- 《에너지·탄소배출권 다이제스트》, 경문사, 김태선 외 1인
- 《Core Black Box》, 현대선물 금융공학팀, 김태선
- 《코스닥 지수선물 50 투자전략》, 진리탐구, 김태선
- 《주가지수옵션 시뮬레이터》, 진리탐구, 김태선

- EU Emission Trading System, International Carbon Action Partnership
- ICE Education, Emission Market & Trading Progremme
- https://new.kpx.or.kr
- http://www.krx.co.kr/main/main.jsp
- https://kr.investing.com

- https://www.theice.com/index
- https://www.cmegroup.com/company/nymex.html

- 한국경제신문
  https://www.hankyung.com/thepen/moneyist/author/taesunkim66

- 서울파이낸스
  http://www.seoulfn.com/news/articleView.html?idxno=483634

- 삼프로TV, 언더스탠딩
  https://www.youtube.com/watch?v=zlIfgYfRdnM&t=524s
  https://www.youtube.com/watch?v=FK7MpumUATg&t=573s
  https://www.youtube.com/watch?v=_lPeeDGR9KI&t=121s
  https://www.youtube.com/watch?v=cu8cdc2dxqU&t=2100s
  https://www.youtube.com/watch?v=Iqe7GyB7UaA&t=241s

- MBC 라디오 이진우의 손에 잡히는 경제
  https://www.youtube.com/watch?v=URC5M3APevU&t=28s
  https://www.youtube.com/watch?v=XvnJHfC0-jI&t=529s

- 대한상공회의소, 중소중견 ESG 과정
  https://www.youtube.com/watch?v=dY24G54NcA0

- NAMU EnR 유튜브 채널
  https://www.youtube.com/@namuenr-1695

- NAMU EnR 홈페이지
  http://www.namuenr.com

appendix

부록

1 〈한국경제신문〉 더 머니이스트 김태선의 탄소배출권

2 온실가스 배출권의 할당 및 거래에 관한 법률

| **부록 1** |

〈한국경제신문〉 더 머니이스트 김태선의 탄소배출권

https://www.hankyung.com/thepen/moneyist/author/taesunkim66

기고일	순번	기고글 제목
2021-04-01	1	탄소배출권 가격, 무엇으로 결정될까?
2021-04-12	2	탄소배출권 가격 급락, 시장 안정화 조치 발동될까
2021-04-26	3	'첫 발동' 탄소배출권 시장 안정화 조치, 오늘 끝나는 이유
2021-05-07	4	배출권 잉여업체, 이월전략은 어떻게 수립해야 하나?
2021-05-19	5	탄소배출권 가격, 최근 왜 떨어졌을까?
2021-05-31	6	변동성 높아진 탄소배출권 시장, 문제는?
2021-06-10	7	유럽 탄소배출권(EUA) 가격, 사상 최고치로 급등한 이유
2021-06-15	8	불투명한 탄소배출권 경매 시장, 뭘 개선해야 할까?
2021-06-25	9	탄소배출권 급락 여파, 제2차 최저거래가격 발동
2021-06-30	10	탄소배출권, 최저거래가격제도 어떻게 변해야 하나?
2021-07-07	11	탄소배출권 적정 이론가격은 존재하는가
2021-07-12	12	탄소배출권 선물시장이 필요한 이유
2021-07-17	13	탄소배출권선물 가격발견 메커니즘의 이해
2021-07-23	14	할당배출권(KAU21년물) 17일 연속 상한가인 이유
2021-08-24	15	전기차 보조금 대신 탄소배출권 지급하면 어떨까
2021-08-30	16	한국형 RE100시장, 탄소배출권시장 연계 길 열려
2021-09-23	17	탄소배출권 ETF, 어떻게 투자해야 하나?

2021-10-04	18	글로벌 탄소배출권 ETF, 제대로 알고 투자하자
2021-11-30	19	내년 탄소배출권 시장 전망과 대응전략
2021-12-16	20	증권사가 탄소배출권 시장에 참여해야하는 이유
2022-01-03	21	올해 탄소배출권 시장 안정화 조치 기준은?
2022-02-21	22	유럽 탄소배출권 가격이 급등하는 이유
2022-06-23	23	국내 탄소배출권 '이월제한제도' 이대로 괜찮을까?
2022-06-27	24	한국형 RE100, 탄소배출권시장과 차익거래 가능할까?
2022-07-05	25	한국과 유럽 탄소배출권, 가격 동조화 가능한가?
2022-07-26	26	'전력거래가격상한제' 이대로 괜찮을까?
2022-09-23	27	2050년 탄소중립과 탄소차액계약제도 ①
2022-11-06	28	탄소배출권 시장 개성해야… 온실가스 감축목표 달성한다
2023-01-05	29	올해 탄소배출권 시장 안정화 조치 기준은
2023-01-19	30	탄소배출권 시장의 투자자별 매매동향 살펴보니…
2023-01-31	31	탄소배출권 소멸이 불가능한 5가지 이유
2023-02-08	32	탄소배출권 현물시장과 경매 시장 간 차익거래, 가능할까?
2023-02-21	33	탄소배출권 경매 시장과 가격발견 기능
2023-03-03	34	2050년 탄소중립과 탄소차액계약제도에 대해
2023-03-31	35	국내 탄소배출권 시장 수급 개선하려면

올해 탄소배출권 시장 안정화 조치 기준은?

2022년 1월 3일

올해 상단가격 톤당 4만 8,700원 … 하단가격은 1만 4,600원
직전 2년 평균 가격은 톤당 2만 4,300원
올해 탄소배출권 가격상승 여력 38.7% 달해

탄소배출권 시장은 '온실가스 배출권의 할당 및 거래에 관한 법률' 제23조와 시행령 제38조에 따라 배출권에 대한 시장 안정화 조치 세부방안을 마련하고 있습니다. 가장 핵심적인 내용은 직전 2년의 평균가격을 기준가격으로 각각 상하한 밴드를 설정하게 됩니다.

국내 탄소배출권 시장은 지난해 12월30일 기준 연초 대비 52.6%% 상승한 톤당 3만 5,100원에 장을 마쳤습니다. 이를 근거로 직전 2년의 기준가격은 톤당 2만 4,300원으로 산정됨에 따라 올해 탄소배출권 시장 안정화를 위한 상하단 가격밴드는 상단가격의 경우 톤당 4만 8,700원, 하단가격은 톤당 1만 4,600원으로 설정됐습니다.

탄소배출권 시장 안정화(MSR·Market Stability Reserve) 조치 기준은 무엇일까요?

먼저 배출권 가격이 6개월 연속으로 직전 2년의 평균 가격보다 3배 이상으로 높게 형성될 경우입니다. 또 최근 1개월의 평균 거래량이 직전 2년의 같은 월평균 거래량 중 많은 경우보다 2배 넘게 증가하고 최근 1개월의 배출권 평균 가격이 직전 2년의 배출권 평균 가격보다 2배 이상 높은 경우에도 조치가 적용됩니다. 최근 1개월의 배출권 평균 가격이 직전 2년의 배출권 평균 가격보다 100분의 60 이상 낮은 경우도 마찬가지입니다.

아울러 할당대상업체가 보유 중인 배출권을 매매하지 않아 배출권 거래 시장에

서 거래되는 배출권의 공급이 수요보다 현저히 부족해 할당대상업체 간 배출권 거래가 어려운 경우에도 시장 안정화 조치가 시행됩니다.

탄소배출권 최저거래가격(LTP · Lower Transaction Price) 설정 기준은 무엇인지 짚어보겠습니다.

최저거래가격 설정 요건이 유지되는 5일 중 최저가격(종가)에 가격제한 폭(10%)을 적용한 가격을 최저 거래가격으로 설정합니다. 조치일로부터 1개월까지 유지하되, 배출권 가격이 설정가격보다 10% 높은 수준이 5일 이상 유지되는 경우에는 다음 날 종료합니다.

시장 안정화 조치 종료 이후 배출권 가격이 이번에 설정된 최저가격 이하로 5일 이상 지속된다면 해당 5일 중 최저가격(종가, 미정)에 가격제한 폭 10%를 적용해 최저거래가격이 재설정됩니다.

올해 탄소배출권 시장 안정화의 기준가격은 톤당 2만 4,300원으로 산정됨에 따라 전년 기준가격 대비 16.3% 하락했습니다. 한편 상단가격 기준으로 내년 말 마감한 종가를 감안하면 탄소배출권 가격상승 여력은 38.7%에 달합니다.

〈한경닷컴 The Moneyist〉 김태선 NAMU EnR 대표이사 | Carbon Market Analyst

(이하 기명 동일)

유럽 탄소배출권 가격이 급등하는 이유

2022년 2월 21일

유럽 탄소배출권 수요증가·공급감소로 가격급등
1990년 대비 2030년까지 온실가스 55% 감축목표
유럽 천연가스가격급등, 탄소배출권 매수세 자극

최근 유럽 탄소배출권 가격 움직임이 심상치가 않습니다. 2005년 1월 3일, 배출권 가격은 톤당 8.37유로로 개장한 이후로 최근 들어선 톤당 100유로대를 위협하고 있습니다. 러시아와 우크라이나 간 전쟁 우려가 최고조로 달했던 이달 4일에는 톤당 96.43유로로 시세를 분출했습니다. 이는 무려 1052.1%에 달하는 수익률입니다.

이같은 배출권 가격급등에는 다른 시장과 마찬가지로 탄소배출권에 대한 공급축소와 수요증가에 기인합니다. 그 대표적인 원인으로 유럽지역의 온실가스 감축 목표 상향 조정과 유럽지역의 천연가스가격상승, 시장 안정화 조치, 유럽지역의 경기회복 요인들을 꼽을 수 있습니다.

유럽연합(EU) 집행위원회는 작년 7월 14일, 2030년까지 EU 역내 온실가스 배출량을 1990년 대비 55% 감축하기 위한 '피트 포 55'(Fit for 55) 정책을 발표했습니다. 당초 감축 목표 40%에서 15%포인트(p)증가한 셈입니다. 수급의 관점에서 보면, 이는 이행기간이 경과할수록 할당량의 축소로 탄소배출권 공급을 줄이겠다는 내용으로 해석됩니다.

러시아는 작년 하반기부터 북대서양조약기구(NATO)의 동진에 대한 우려와 우크라이나의 NATO 가입을 저지하기 위해 전쟁 분위기를 고조시키고 있습니다. 이 여파로 작년 유럽지역의 천연가스 공급 중단사태를 초래했고 신종 코로나바이러스 감염증(코로나19) 사태 이후 최저점(2020년 6월 25일의 열량단위(MMBtu)당 1482달러) 대비 작년 10월 5일에는 6.312달러로 325.9% 상승했습니다.

유럽 탄소배출권 시장도 강세장을 연출했습니다. 코로나19가 정점에 달했던 2020년 3월 18일 톤당 15.71유로를 형성한 이후 올 2월 4일에는 톤당 96.43유로로 513.8%의 상승세를 보였습니다. 유럽지역의 온실가스 감축목표의 상향조정 후 천연가스가격급등에 따른 전력회사들의 연료전환이 가속화되면서 탄소배출권 수요를 촉발했고 그 결과 배출권 가격상승으로 이어진 겁니다.

탄소배출권 시장은 정책과 제도에 기반을 둔 대표적인 시장으로 시장 실패를 방지하기 위해 시장 안정화 조치를 마련하고 있습니다. 유럽 탄소배출권 시장의 경우 2008년 경기침체 이후 글로벌 탄소배출권이 유럽 시장으로 대량 유입되면서 수급 불균형이 심화됐고 배출권 가격은 2013년 상반기까지 하락세를 지속했습니다.

이에 대한 해결책으로 EU집행위는 2014년부터 2016년간 경매 예정인 9억 톤의 경매 연기(Back-Loading) 조치를 발동하는 등 시장 안정화 조치(MSR · Market Stability Reserve) 방안을 발표했습니다.

MSR제도는 시장에 유통 중인 수량이 8억 3,300만 EUA(배출권)를 초과해 과잉 공급된 경우, 경매 수량을 유통 배출권 수량의 24%(2019~2023년)만큼 줄여 배출권 공급하고 반대로 유통 중인 배출권 수량이 4억 EUA 미만인 경우는 경매 수량을 1억 EUA만큼 증가시켜 배출권 공급을 늘리도록 설계됐습니다.

최근 들어 미국을 중심으로 금리상승에 대한 우려와 함께 물가 상승(인플레이션) 헤지 차원에서 실물자산의 매수세는 지속적으로 강화될 전망입니다. 이에 대한 대표적인 투자자산은 에너지 상품들로 이 가운데서도 가장 대표적인 자산은 탄소배출권입니다. 따라서 탄소배출권 시장 투자에 앞서 배출권 제도와 정책에 대한 이해와 에너지 시장에 대한 분석이 필요합니다.

국내 탄소배출권 '이월제한제도' 이대로 괜찮을까?

2022년 6월 23일

1단계 기간 이월물량, 순매도량의 2배
이월 신청 기간 동안 6월 초 대비 33.9%↓
변동성 해소 위해 제2자 시장 참여 조기 허용

최근 국내 탄소배출권 시장은 롤러코스터 장세를 연출하고 있습니다. 작년도 할당배출권(KAU, Korea Allowance Unit) 가격은 올 초 톤당 3만 5,100원대에서 가격을 형성했지만 6월 13일에는 1만 3,350원까지 떨어지면서 연초 대비 62% 급락했습니다.

급락한 배경은 '이월제한조치' 때문입니다. 할당대상업체들은 매년 6월 30일 인증된 양에 해당하는 배출권을 정부에 제출해야 합니다. 제출에 앞서 이달 10일까지 이월과 차입대응을 해야 합니다.

잉여업체(할당량 〉 인증량)는 매도나 이월대응을, 부족업체(할당량 〈 인증량)들은 매입나 차입으로 제도 대응을 하게 됩니다.

대부분의 잉여업체들은 할당량 축소와 지속가능경영 등의 차원에서 배출권 확보에 주력하고 있습니다. 따라서 잉여업체 대부분은 이월을 최대한 하려고 합니다. 제3차 계획기간(2021~2025년) 동안의 이월제한제도를 살펴보면 배출권 시장의 유동성 공급 차원에서 잉여분의 일정량을 매도해야 이월이 가능하도록 설계됐기 때문입니다.

제3차 계획기간 중 1단계 기간(2021~2022년)에는 순매도량의 2배, 2단계 기간(2023~2024년) 순매도량의 1배, 마지막 이행기간(2025년)에는 연평균 순매도량만큼 이월이 가능합니다. 1단계 기간의 이월을 예를 들면 잉여물량이 90만 톤인 경우, 최대 이월을 위해서는 30만 톤을 매도해야 60만 톤(30만 톤×2배) 이월이 가능합니다.

올해 이월신청 마감일이 이달 15일로 닷새간 연기됨에 따라 이달 초순부터 같은 달 13일까지 하한가를 네 번 연출하면서 6월 초 대비 33.9% 급락했습니다.

이월 신청기간(9영업일) 동안 거래량은 168만 6,000톤으로 연초 누적거래량(2022년 1월 2일~2022년 6월 20일) 중 26.7%를 차지하면서 배출권 가격하락과 더불어 거래량이 집중됐습니다. 이월 신청마감 이후 6월 20일 기준 사흘 연속 상한가를 기록하고 있습니다.

탄소배출권 시장은 시장 실패를 방지하기 위해서 이월제한제도와 같은 다양한 제도를 도입하고 있습니다. 이월제한 제도의 경우 유동성 부족 사태를 방지하는 차원에서 일정부분 기여는 하고 있지만 가격변동성 확대라는 부작용을 초래하고 있습니다.

따라서 이러한 문제점을 해소하기 위해선 제3자의 시장 참여 확대, 실질적인 시장 안정화(MSR · Market Stability Reserve) 조치 개선, 유상할당비율과 연계한 이월제한제도의 개편이 필요합니다.

한국형 RE100, 탄소배출권 시장과 차익거래 가능할까?

2022년 6월 27일

RE100캠페인 참여 시 온실가스 감축실적 인정
이행수단 중 REC 구매비중이 42% 달해
탄소배출권 가격, REC 가격 대비 80% 저평가

RE100은 'Renewable Energy' 100%의 약자입니다. 2050년까지 기업 전력소비의 100%를 태양광과 풍력 등의 재생에너지로 대체하자는 자발적 캠페인입니다. 연간 전력소비가 100기가와트시(GWh) 이상인 기업을 대상으로 권장하고 있습니다.

2050 탄소중립, ESG(환경·사회·지배구조) 지속경영 확산, 유럽 탄소국경조정세(CBAM) 도입 등 글로벌 환경 규제가 강화되면서 RE100 캠페인에 참여하는 글로벌 기업들이 꾸준히 증가하고 있습니다. 올해 현재 370여 업체들이 참여하고 있습니다.

글로벌 스탠더드에 발맞춰 작년 8월 1일, 한국형 RE100 거래 시장이 개설됐습니다. RE100 캠페인의 이행수단으로는 녹색프리미엄 구매, 제3자 PPA(Power Purchase Agreement) 계약, REC(Renewable Energy Certificate) 구매, 지분 투자, 자가발전 등이 있습니다.

한국형 RE100 캠페인 참여를 독려하고 온실가스 감축을 촉진하기 위해 할당대상업체들이 이 캠페인에 참여할 시 이행수단 중 녹색프리미엄 구매를 제외한 이행수단에 대해서는 온실가스 감축실적으로 인정받을 수 있게 했습니다.

'온실가스 배출권거래제의 배출량 보고 및 인증에 관한 지침'(제18조 6항, 제27조)와 '신재생 에너지 설비의 지원 등에 관한 규정'에 따라 태양광, 풍력, 수력의 재생에너지원에 대해서는 온실가스 감축실적으로 활용할 수 있습니다.

탄소배출권 시장 참여자는 RE100 캠페인 참여와 온실가스 감축 실적의 인정으로 인해 일석이조의 대응 효과를 얻을 수 있는 셈입니다. 온실가스 할당대상업체의 경우 부족분(할당량 < 인증량)에 대해 RE100 이행수단으로 탄소배출권을 확보하는 동일한 효과를 얻게 됩니다.

글로벌 RE100 참여기업들의 이행수단 비중을 살펴보면, REC 구매 42%, 녹색 프리미엄 30%, 제3자 PPA 26%, 자가발전 2% 순으로 REC 구매를 통해 RE100 캠페인에 참여하고 있습니다.

할당대상업체이면서 RE100 캠페인에 참여하고자 하는 기업들은 탄소배출권 가격과 REC가격 간의 비교분석을 통해 상대적으로 저렴한 시장에 참여하게 됩니다.

상대가치 평가를 위해서는 양 시장에서 거래되는 단위가 상이한 만큼 동일한 단위로 전환한 뒤 상대가치를 평가해야 합니다. 최근 REC가격(5만/MWh)을 기준으로 탄소배출 가격(2만/tcO2eq)을 평가하면 REC가격 대비 약 80% 저평가돼 있습니다.

그동안 탄소배출권 시장과 REC 시장은 수급불균형의 심화로 가격등락이 큰 시장이었지만 양 시장의 연계가 본격화할 경우 가격 변동성과 유동성 부족은 해소될 것으로 전망됩니다.

한국과 유럽 탄소배출권, 가격 동조화 가능한가?

2022년 7월 5일

두 탄소배출권 시장의 정책 차이로 비동조화
한국·유럽 탄소배출권, 각각 149.9%, 1194.9% ↑
가격 동조화 위해선 글로벌 표준에 부합하도록 재설계

지난달 모기관이 발표한 '온실가스 배출권 가격급등이 산업별 부가가치에 미치는 영향' 자료에 따르면 정부는 2050 탄소중립 달성을 목표로 배출권 거래제를 현행 2030 국가 온실가스 감축목표와 연계해 배출허용총량을 대폭 줄이는 상황을 가정했습니다.

시나리오에 적용한 우리나라 온실가스 배출권 가격은 작년의 유럽의 탄소배출권 가격급등과 같이 향후 1년간 145% 상승하는 것을 전제했습니다.

이 결과 온실가스 다배출 업종인 비금속 광물제품 제조업(시멘트 등), 1차 금속제조업(철강 등), 발전업종(화석연료 발전 등)의 부가가치가 기준 시나리오 대비 각각 3.7%, 5.2%, 10.9% 하락하는 것으로 추정됐습니다.

반면 서비스업 등 온실가스 배출이 적은 여타산업의 부가가치는 기준 시나리오 대비 0.1% 감소에 그치는 것으로 나타났습니다.

주가의 경우는 비금속광물제품 제조업(시멘트 등)과 1차 금속제조업(철강 등)의 주가가 기준시나리오 대비 각각 31.3%, 19.4% 하락하는 것으로 추정됐습니다. 온실가스 다배출 업종 이외의 여타 산업 부도율과 주가는 탄소배출권 가격급등 시 큰 영향이 없는 것으로 분석된 것입니다.

분석의 전제 조건은 한국 탄소배출권 가격과 유럽 탄소배출권 가격이 동조화돼야 하고 향후 1년간 한국 탄소배출권 가격이 145% 상승해야 한다는 전제를 하고 있습니다.

그러나 2015년 1월 12일에 개장한 한국 탄소배출권 시장과 유럽 탄소배출권 시장 간 가격 동조화는 이뤄지지 않고 있습니다. 비동조화의 대표적 요인으로 시장 구조, 유무상할당 비중, 시장 안정화 조치, 할당 방식 등의 정책·제도상의 차이를 꼽을 수 있을 겁니다.

유럽 탄소배출권 시장은 EU지역 31개국이 참여하고 있고, 참여업체는 1만 569곳이 참여하고 있습니다. 유상할당 57%(발전업종 100%)를 차지하고 있고 시장 안정화 조치는 유통물량통제로 가격조절을 하는 방식을 취하고 있습니다. 할당 방식은 기준 생산설비에 기반한 벤치마킹 방식을 채택하고 있습니다.

한편 한국 탄소배출권 시장은 단일국가 체제로 690여 곳이 참여하고 있고 유상할당은 10%, 시장 안정화 조치는 가격과 거래량 기준으로 운영되고 있습니다. 할당 방식은 과거 배출량에 기반한 그랜드 파더링 방식을 취하고 있습니다.

이 같은 상이함은 전혀 다른 시장 성과를 보였습니다. 개장 이후 한국할당배출권(KAU)와 유럽할당배출권(EUA)간의 월평균 기준, 누적수익률은 149.9%, 1,194.9%를 각각 기록하고 있어 두 시장 간 가격 동조화는 전혀 찾아볼 수 없습니다.

하지만 최근 들어 유럽의회가 2032년 탄소배출권 무상할당 제도를 완전 폐지하고 2025년 CBAM 전면 도입을 목표로 추진한다는 것은 결국 유럽 탄소배출권제도(EU-ETS)가 글로벌 표준이라는 것을 암묵적으로 강요하고 있는 겁니다.

결론을 내보면, 한국 탄소배출권 가격과 유럽 탄소배출권 가격 간의 동조화 강도 여부는 한국 탄소배출권 시장이 얼마만큼 빠르게 글로벌 스탠더드에 부합하는가에 달려 있습니다.

'전력거래가격 상한제' 이대로 괜찮을까?

2022년 7월 26일

3개월 SMP 평균값, 과거 10년 SMP값 상위 10% 초과해야
발전 자회사 포함 상한제 대상기업 4821곳
상한제 발동에 따른 평균 손실 28.91% 수준

전력거래가격(SMP) 상한제의 도입 배경은 우크라이나 전쟁입니다. 국제 연료 가격이 급등세를 보이며 지난달 SMP은 2001년 전력도매 시장 개설 이후 처음으로 킬로와트시(㎾h)당 200원이 넘는 사태가 발생했습니다.

이는 작년 4월 ㎾h당 76원 35전과 비교하면 3배 가까이 급등한 셈입니다. 이로 인해 한국전력이 1분기에만 8조 원에 달하는 적자를 기록하고 있어 극약 처방을 내린 상황입니다.

산업통상자원부는 지난 5월 24일 '전력시장 긴급정산 상한가격'제도의 신설을 담은 '전력거래가격 상한에 관한 고시' 등의 일부 개정안을 지난달 13일까지 행정 예고했습니다.

SMP 상한제의 시행조건은 직전 3개월간 SMP 가중 평균값이 과거 10년간 월별 SMP 상위 10%를 초과해야 합니다. 상한제 발동에 따른 상한가격은 과거 10년간 월별 SMP 가중 평균값의 125%로 상한가격 수준이 결정됩니다.

적용 대상은 SMP로 정산받는 모든 발전사업자로 한전 발전자회사 6개사, 구역전기사업자 10개사, 집단에너지사업자 27개사, 자가용 전기설비설치자 27개사, 기타 민간기업 56개사, 신재생 발전사업자 4698개사 등 총 4821개사가 해당 대상업체입니다.

2002년 1월부터 2022년 6월까지 SMP가격 데이터를 이용해 분석한 결과, 총 15

회에 걸쳐 발전원가 이하로 전력을 공급한 것으로 나타났습니다. 특히 2012년 3월, 5월은 40.27% 손실을 보는 것으로 추정되며 총 15회에 걸친 상한제 발동으로 인한 평균 손실은 28.91%에 달합니다.

최근 3개월 SMP 기준으로 올 5월 140.34원, 6월 129.72원 데이터를 적용할 때 7월 SMP가격이 197.19원을 초과하면 전력거래가격(SMP) 상한제가 발동하게 됩니다.

'전력거래가격 상한에 관한 고시'는 원안대로 지난달 17일 산업부 규제심사위원회를 통과했습니다. 산업부 규제위 통과라는 첫 고비를 넘긴 SMP 상한제는 법제처의 유권 해석을 거쳐 7월 국무조정실의 규제개혁위원회 안건으로 상정됩니다. 이후 마지막 단계인 국무조정실 규제개혁위원회에서 안건이 통과된다면 SMP 상한제는 오는 8월부터 시행됩니다.

국가경제차원에서 보면 전력가격은 모든 경제주체들에게 직접적으로 영향을 미치는 매우 중요한 가격입니다. 최근 들어 러시아 · 우크라이나 사태로 인해 원유와 석탄, 천연가스가격의 변동성은 그 어느 때보다 확대되고 있고 이는 곧바로 수입물가상승으로 이어지면서 물가상승(인플레이션) 우려를 증폭시키고 있습니다.

이번 SMP 상한제도의 도입은 전력거래가격의 안정화 차원에서 제도 개편이 필요해보입니다. 그러나 시장 관리 메커니즘의 관점에서 보면 SMP 하한제도의 도입도 동시에 입안돼야 전력시장 참여자들 모두에게 공감대를 얻을 것으로 보입니다. 이번 시행에 따른 부작용으로 2011년 9월 15일 대규모 정전사태인 블랙아웃이 재현될까 우려됩니다.

2050년 탄소중립과 탄소차액계약제도 ①

2022년 9월 23일

2050년 탄소중립 달성 위해 탄소차액계약제도 조기 도입
배출량 비중 큰 대규모 기간산업 업종 중심의 지원 필요
투자 재원, 경매 수익금 1조 1,408억으로 재투자돼야

2050년 탄소중립에 이어 2030 국가 온실가스 감축 목표(NDC)의 상향 조치로 환경·에너지 분야는 그 어느 때보다도 관심이 높은 상태입니다. 국가 온실가스 감축 목표에 대한 구체적인 감축량이 설정된 만큼 현실적이고 실현 가능한 감축 프로젝트들에 대해서 정부차원의 적극적 지원이 필요합니다.

고비용·저탄소 프로젝트 투자를 촉진하기 위한 정책으로 영국과 네덜란드, 독일은 에너지, 철강, 화학, 시멘트 업종에 대해 탄소차액계약제도(CCfDs·Contracts for Differences)을 추진하고 있습니다.

최근 들어 독일 연방경제에너지부(BMWi)는 올해부터 2024년까지 철강산업 분야 탈탄소화 전환을 위해 연방경제에너지부와 연방환경부(BMU)를 중심으로 기존의 예산에 50억 유로의 추가 재원조달을 결정했습니다.

여기에 국가수소전략의 일환으로 철강과 화학 산업의 탄소배출 공정을 대상으로 한 탄소차액계약제도(CCfDs) 프로그램에 총 5억 5,000만 유로를 지원하고 있습니다.

탄소차액계약제도(CCfDs)은 온실가스 감축프로젝트 비용과 탄소배출권 시장가격 간의 차액을 지원해주는 제도입니다. 할당대상업체들은 자체 온실가스 감축프로젝트에 한계감축비용(온실가스 1톤을 줄이는 데 소요되는 비용)과 탄소배출권 시장가격을 비교해 대응하게 됩니다.

한계감축비용이 탄소배출권 시장가격보다 저렴하면 감축 투자를 진행하고 반대인 경우는 탄소배출권 시장에서 매입해 제도 대응을 하게 됩니다. 하지만 현실적으로 온실가스 감축효과는 탁월하나 단위당 온실가스 감축비용이 큰 프로젝트들에 대해서는 적극적인 투자가 어렵습니다.

탄소차액계약제도(CCfDs)의 핵심내용은 온실가스 감축 프로젝트의 한계감축비용이 탄소배출권 시장가격보다 높은 경우 정부가 이에 상응하는 비용을 지원해주는 제도로, 감축 투자 진행에 있어 역마진에 해당하는 비용을 보전해 주게 됩니다.

이러한 고비용·저탄소 프로젝트들에 대한 투자 유인을 통해 탄소중립 목표를 달성하고자 주요국들은 정부보조금 정책 중 탄소차액계약제도(CCfDs)제도를 마련하고 있습니다. 하지만 탄소차액계약제도(CCfDs)의 안착을 위해선 대규모 장기 투자인 만큼 투자 재원이 필요합니다.

2015년 1월 개장한 국내 탄소배출권 시장은 3차 계획기간을 거치면서 시장 안정화를 위한 유상 물량공급과 유상 경매 수익금이 올 9월 현재 누적기준으로 1조 1,408억 원에 달하고 있습니다.

제1차 계획기간의 시장 안정화 물량공급에 따른 경매 수익금은 1,093억 원, 제2차 계획기간 중에 시행한 유상할당의 경매 수익금은 1조 315억 원 규모로, 이를 온실가스 감축 프로젝트에 대한 재투자 관점에서 온실가스 다배출 업종을 대상으로 적극적인 지원이 요구됩니다.

탄소배출권 시장 개선해야 …
온실가스 감축목표 달성한다

2022년 11월 8일

유럽 탄소국경조정 메커니즘에 선제적 대응 필수
탄소차액계약제도를 조기 도입해야
탄소배출권 시장 정보의 비대칭성 개선해야

글로벌 탄소배출권 시장은 유럽을 중심으로 빠르게 재편되고 있습니다. 국내 탄소배출권 시장은 2015년 1월 12일 상장 이후 올해 10월 31일 현재, 8년 차인 시장입니다. 영업일 수는 상장 이후 1,919일째를 맞이하고 있다. 그동안 국내 탄소배출권 시장은 하드웨어적인 인프라는 충분히 갖추어진 상태이나 시장다운 소프트웨어 측면은 부족해 보입니다.

최근 들어 유럽의 탄소국경조정메커니즘(CBAM, Carbon Border Adjustment Mechanism)은 환경규제를 통한 새로운 무역장벽으로 인식되고 있습니다. 내년 1월부터 시범기간을 거친 뒤 2027년 1월부터 본격적으로 도입할 예정입니다. 이런 탄소국경조정메커니즘은 국내 탄소배출권 시장에 대해 글로벌 스탠더드로의 시장변화를 암묵적으로 주문하는 겁니다.

무역장벽의 파고를 넘기 위해서는 선제적 대응이 필요합니다. 제4차 계획기간부터 유상할당에 비율을 높여야 하고 유상할당 비율이 높은 업종에 대해서는 앞서 확보한 경매 수익금이 이용해 저탄소-고비용의 온실가스 감축 프로젝트들이 원활히 진행되도록 과감한 재정적 지원이 필요합니다. 이를 위해 유럽지역에서 운영되고 있는 탄소차액계약제도(CCfDs, Carbon Contracts for Differences)를 조기에 도입해 온실가스 감축효과를 극대화해야 합니다.

탄소배출권 유동성 확보 및 공급라인 구축을 위해서는 장내거래 의무화 도입, 무상할당 업종 이월금지(유상할당 업종 이월 무제한), 금융투자회사들의 온실가스 감축 투자유인, K-RE100 캠페인과의 연계강화 등으로 새로운 탄소배출권 공급

라인을 구축해야 합니다.

또한 제3차 계획기간(2021~2025년)에 탄소배출권 선물시장이 개설될 예정입니다. 통상적으로 선물시장의 성공 여부는 기초자산 표준화, 풍부한 유동성, 높은 변동성에 의해서 결정됩니다. 현재 국내 탄소배출권 현물시장은 기초자산 표준화와 높은 변동성 요건은 충족돼 있으나 풍부한 유동성에 대한 요건은 매우 취약한 상태입니다. 따라서 안정적인 배출권 공급라인 구축과 수급개선 조치들을 통한 시장 강건성 확보한 후 선물시장은 개설돼야 합니다.

탄소배출권거래제는 온실가스 감축방법론들 중에서 시장-메커니즘을 활용해 감축 목표를 달성하고자 하는 방법론입니다. 즉 시장의 수급 상황에 맞추어 탄소배출권 가격이 결정되는 구조입니다. 이 과정에서 수요와 공급에 영향을 미치는 정보들은 빠르게 가격에 반영됩니다. 따라서 시장정보의 비대칭성 요인들은 정책당국 차원에서 제거돼야 합니다.

할당대상업체를 포함한 시장 참여자들은 탄소배출권 시장에서 유통되고 생산되는 모든 정보를 투명하고 즉각적인 접근이 가능해야 하고 특히 일별 투자자별 매매 동향, 장외거래 매매 동향, 이월 및 차입 정보, 외부 감축사업 정보, 시장 안정화 조치 등은 수급에 직접적인 영향을 미치는 만큼 일부 업종 및 단체들에 의해서 시장 정보가 독식되는 폐단은 조속히 개선돼야 합니다.

올해 탄소배출권 시장 안정화 조치 기준은?

2023년 1월 5일

올해 탄소배출권 시장 안정화 조치 준거가격 톤당 2만 150원
시장 안정화 조치 상단은 톤당 4만 300원, 하단은 1만 2,090원
전년 대비 시장 안정화 조치 상하밴드가격 17.2%↓

탄소배출권 시장은 '온실가스 배출권의 할당 및 거래에 관한 법률' 제23조와 시행령 제38조에 따라 배출권에 대한 시장 안정화 조치 세부방안을 마련하고 있습니다. 가장 핵심이 되는 내용은 직전 2년의 평균 가격을 준거가격으로 각각 상·하한 밴드를 설정하는 것이 핵심 골자입니다.

국내 탄소배출권 시장은 작년 12월 29일 기준, 연초 대비 52.4%% 하락한 톤당 1만 6,000원에 장을 마감했습니다. 탄소배출권 시장 안정화 조치에 따른 준거가격(직전 2년 가중 평균 가격)은 톤당 2만 150원으로 2023년도 준거가격이 산정됐습니다.

이에 따라 2023년도 국내 탄소배출권 시장 안정화 조치의 상하한 밴드는 상한의 경우 6만 440원(준거가격×3배), 4만 300원(준거가격×2배)으로 변경됐고 하단은 1만 2,090원(준거가격×0.6배)으로 각각 설정됐습니다.

준거가격을 포함해 전년 대비 시장 안정화 조치들의 상하밴드가격은 17.2% 하락한 상태로 2023년도 탄소배출권 시장 안정화 조치가 재설정됐습니다.

한편 최저거래가격제도의 경우는 지난 2021년 6월 25일 설정된 톤당 9,450원이 지속됩니다.

탄소배출권 시장 안정화 조치는 △ 배출권 가격이 6개월 연속으로 직전 2개 연도의 평균 가격보다 3배 이상으로 높게 형성될 경우 △ 최근 1개월의 평균 거래

량이 직전 2개 연도의 같은 월의 평균 거래량 중 많은 경우보다 2배 이상 증가하고, 최근 1개월의 배출권 평균 가격이 직전 2개 연도의 배출권 평균 가격보다 2배 이상 높은 경우 △ 최근 1개월의 배출권 평균 가격이 직전 2개 연도 배출권 평균 가격의 100분의 60 이하가 된 경우(최저거래가격 발동) △ 할당대상업체가 보유하고 있는 배출권을 매매하지 않은 사유 등으로 배출권 거래 시장에서 거래되는 배출권의 공급이 수요보다 현저하게 부족해 할당대상업체 간 배출권 거래가 어려운 경우 이뤄집니다.

최저거래가격제도(LTP)의 경우 설정가격은 최근 1개월 평균가격이 직전 2개 연도 평균가격의 0.6배 이하로 5일 연속 유지 시 익일 적용됩니다. 최저거래가격은 설정 요건이 유지되는 5일 중 최저가격(종가)에 가격제한폭(10%)을 적용한 가격입니다.

발동 종료가격은 조치일로부터 1개월까지 유지하되, 탄소배출권 가격이 설정가격보다 10% 높은 수준이 5일 이상 유지되는 경우 익일 종료됩니다. 발동종료 이후에 배출권 가격이 최근에 설정된 최저거래가격(2021년 6월 25일, 톤당 9,450원 발동) 이하로 5일 이상 지속되는 경우, 해당 5일 중 최저가격(종가)에 가격제한폭 10%를 적용해 최저거래가격이 재설정됩니다.

탄소배출권 시장의 투자자별 매매동향 살펴보니…

2023년 1월 19일

증권가 탄소배출권 시장 참여로 유동성 개선
전환 24.4%, 산업 26.4%, 증권사 34% 매매 비중

2021년 12월 20일부터 증권사 20곳이 탄소배출권 시장에 참여해오고 있습니다. 한국거래소는 배출권 시장의 참가자 저변 확대와 시장 활성화를 위해 이들 증권사의 배출권 시장 회원가입을 허용했습니다. 증권사의 시장 참여를 계기로 배출권 시장에서 합리적인 탄소가격이 형성될 것으로 기대하고 있는 상황입니다.

기존에는 정부와 할당대상업체 726곳, 한국산업은행·중소기업은행·한국투자증권·SK증권·하나증권 등 시장 조성자 5곳만 탄소배출권을 거래해왔지만, 작년 12월 1일 환경부는 온실가스 배출권 거래를 활성화를 위해 KB증권과 신한투자증권을 추가로 시장 조성자를 지정했습니다.

배출권 시장의 회원 자격을 취득한 신규 증권사들은 교보증권을 비롯해 대신증권, 메리츠증권, 미래에셋증권, 부국증권, 삼성증권, 신영증권, 신한투자증권, 유진투자증권, 이베스트투자증권, NH투자증권, 하나증권, 하이투자증권, 한국투자증권, 한화투자증권, 현대차증권, DB금융투자, IBK투자증권, KB증권, SK증권 등입니다. 이들 회사는 고유재산을 운영하는 자기매매만 할 수 있습니다. 고객재산을 운영하는 위탁매매는 향후 단계적으로 추진될 예정입니다. 거래대상은 정부가 기업에 할당한 할당배출권(KAU)입니다.

신규 시장 조성자로 지정된 KB증권, 신한투자증권과 기존 시장 조성자 5곳(산업은행·중소기업은행·하나증권·한국투자증권·SK증권)은 올해부터 1년간 배출권 시장의 시장 조성자로 활동하게 됩니다. 시장 조성자는 1년 단위로 지정·고시되는데요. 특히 한국투자증권, 하나증권, SK증권, 신한투자증권, KB증권은 시장조성자와 자기매매가 가능한 증권사들입니다.

증권사들이 탄소배출권 시장에 참여하기 전까지는 전환부문과 산업부문을 중심으로 매수와 매도가 주로 이뤄져 왔습니다. 전환부문은 순매수 우위를 보여 왔고 산업부문은 순매도 우위를 보이면서 탄소배출권 가격을 형성해 왔습니다. 하지만 2021년 12월 20일 증권사들의 시장 참여가 허용되면서 이러한 시장 판도에 커다란 변화가 생겼습니다. 시장 참여 초기만 하더라도 증권사들은 매수 우위 포지션과 이월대응의 매매행태를 보여왔는데요. 배출권 가격이 하락하면서 손절 물량의 유입과 저조한 매매 수익률로 보수적 매매행태가 작년 상반기까지 나타났습니다.

작년 8월 이후 산업부문의 매도 물량을 전환부문에서 소화하는 가운데 미스매칭 나는 물량에 대해서는 증권사가 유연하게 매수·매도포지션으로 대응하고 있어 예전보다는 시장 유동성이 큰 폭 개선되는 모습을 보이고 있습니다. 증권사 참여에 따른 주목해야 할 시장 판도의 변화는 시장 참여 초반 무분별한 일방적 매수우위에서 시장 수급 상황을 감안한 '포지셔닝'의 변화입니다. 시장 수급에 따른 가격등락을 반영함에 따라 고점 매도, 저점 매수의 전형적인 매매패턴을 보이고 있고, 유동성 보강과 더불어 수익 확보에 주력하는 매매행태를 보이고 있습니다.

탄소배출권 시장의 투자자별 매매비중을 살펴보면, 전환부문 24.4%, 산업부문 26.4%, 증권사 34%, 시장 조성자 8.8%로 구성돼 있습니다. 증권사들의 시장 참여로 인해 수급불균형과 유동성 문제는 점진적으로 보강, 개선되고 있는 것으로 판단됩니다.

무상할당의 비율이 큰 상태에서 탄소배출권 가격의 상승 시 할당대상업체들의 횡재이윤은 확대되는 구조를 보이고 있어, 경기침체가 지속될 경우 잉여물량의 출회는 불가피해 보입니다. 이러한 공급우위는 증권사와 시장 조성자를 중심으로 가격하락 방어와 물량 흡수를 위한 저점 매수 대응에 나설 가능성은 충분해 보입니다. 따라서 잉여에 따른 배출권의 소멸 이슈는 더 이상 걱정할 이슈가 아닌 겁니다.

문제는 증권사 매집은 자기 매매 성격이 강한 상태에서 단기적 성격의 매매로 일관할 경우 시장의 가격 변동성은 확대될 수밖에 없다는 점입니다. 일반적으로 증권사들의 자기매매는 단기적인 매매차익을 추구하는 경향이 짙습니다. 따라서 시장 참여자 모두가 이러한 변동성 확대를 통제 관리하기 위해서 탄소배출권 시장의 파생상품 도입이 조속히 이뤄져야 합니다.

특히 유상할당 비중의 증가는 위험관리의 필요성도 동시에 부각될 수밖에 없습니다. 탄소배출권의 잉여와 부족에 따른 매입, 매도, 이월, 차입 등의 포지션 관리에도 유동성 문제 및 가격등락에 대한 리스크 관리가 점진적으로 커질 전망입니다.

탄소배출권 소멸이 불가능한 5가지 이유

2023년 1월 31일

개장 후 고질적 수급 불균형에 가격급등락 지속
경매 물량 통제·시장 조성자로 가격 제로는 '불가능'

탄소배출권 시장의 소멸 이슈는 2021년 4월부터 본격적으로 부각됐습니다. 신종 코로나바이러스 감염증(코로나19) 사태가 정점에 달했던 시기였습니다. 경기침체는 무상할당 배출권의 과잉할당으로 이어지면서 매도우위의 시장이 본격적으로 전개됐습니다. 이런 가운데 '소멸'이란 탄소배출권 가격이 '제로'(0)로 수렴하는 현상으로 정의되고 있습니다.

'온실가스 배출권 할당 및 거래에 관한 법률'에 따르면, '제32조(배출권의 소멸) 이행연도별로 할당된 배출권 중 제27조에 따라 주무관청에 제출되거나 제28조에 따라 다음 이행연도로 이월되지 아니한 배출권은 각 이행연도 종료일부터 6개월이 경과하면 그 효력을 잃는다'고 정의돼 있습니다.

소멸에 대한 정의는 수급 차원에서 공급우위로 배출권의 시장가격이 제로로 수렴하는 현상에 대한 정의와 잉여분에 대한 이월되지 않은 배출권에 대한 가치가 사라지게 되는 배출권거래제도 대응차원의 해석으로 나눌 수 있습니다.

글로벌 탄소배출권 시장에서 탄소배출권 가격이 제로에 가깝게 형성됐던 시장은 유럽 탄소배출권 시장에서 최초로 발생했습니다. 유럽 탄소배출권 시장은 제1차 계획기간(2005~2007년)을 시범기간으로 정하고, 배출권을 100% 무상할당했고, 잉여분에 대해 이월을 금지시켰습니다.

이 과정에서 2006년 4월 19일 배출권 가격은 톤당 31.58유로 가격이 형성된 이후 2007년 12월 3일에는 배출권 가격이 톤당 0.03유로까지 급락했습니다. 이월금지에 따라 마지막 이행기간인 2007년에는 잉여 공급물량 유입되면서 배출권 가격이 급락하는 사태가 나타났습니다.

이후 유럽 탄소배출권 시장은 유상할당의 비중 증가와 잉여분에 대한 이월 허용, 유통물량을 통제를 통한 시장 안정화 조치, 유상할당에 대한 경매 물량 통제 등으로 배출권 가격은 안정세를 보이고 있습니다. 최근에는 온실가스 감축목표 상향조정으로 톤당 100유로를 위협하는 일도 발생했습니다.

앞서 말한 것처럼 '소멸' 현상의 정의는 배출권 제도 이행과정에서 미이행 시 배출권의 가치가 사라지는 것으로 풀이하는 게 타당해보입니다. 그리고 시장 관점에서 잉여분의 물량 출회로 공급우위 상태에서 수요 부재에 따라 배출권 가격이 제로에 가깝게 형성되는 것으로 구분해 이해하는 게 타당해보입니다.

국내 탄소배출권 시장은 2015년 1월 12일 개장 이후 고질적인 수급 불균형이 가격 급등락으로 이어지는 흐름을 보여 왔습니다. 이 과정에서 이월 및 차입제도의 변경, 유상할당을 위한 경매 시장 개설, 증권사를 중심으로 금융투자회사들의 시장 참여 허용, 최저거래가격제도 도입 등으로 시장 안정화 및 가격 안정화를 꾀하고 있습니다.

따라서 탄소배출권 소멸, 즉 배출권 가격이 제로에 가깝게 급락하지 못하는 이유는 시장 안정화 조치 및 최저거래가격제도, 잉여분에 대한 이월극대화 대응, 유상 경매 물량 통제, 시장 조성자 및 증권사 저점 매수세, 유럽 탄소국경조정제도(CBAM) 등을 대표적으로 꼽을 수 있을 겁니다.

각각의 이유를 세부적으로 살펴보겠습니다.

첫째, 시장 안정화 조치 및 최저거래가격제도입니다. 탄소배출권 시장의 가격 안정화를 위해 가격조건과 거래량 조건을 기준으로 시장 안정화를 위한 조치가 있습니다. 가격하락 방어를 위한 내용으로는 직전 2개년도의 거래량 가중평균가격(준거가격)에 0.6배를 곱한 값을 시장 안정화를 위한 하단가격으로 설정됩니다. 올해 시장 안정화 조치의 준거가격은 톤당 2만150원, 하단가격은 톤당 1만 2,090원으로 설정됐습니다. 탄소배출권 시장가격이 하단가격을 밑돌 경우 최저거래가격제도가 발동하게 됩니다. 가장 최근에 발동된 최저거래가격은 톤당 9,450원(2021년 6월 25일)으로 설정됐습니다.

둘째, 잉여분에 대한 이월극대화 대응입니다. 대부분의 할당대상업체들은 지속가능 경영차원에서 배출권 잉여 시 매도보다는 이월대응을 하고 있습니다. 이런 이유는 무상할당 배출권이라는 점과 향후 감축 목표의 상향에 대한 선제적 대응, 더불어 유동성 리스크를 대비하고자 대부분의 잉여업체들은 이월 극대화를 꾀하고 있습니다. 제3차 계획기간부터는 이월을 위한 전제조건으로는 순매도량의 2배, 1배, 평균으로 이월이 가능하도록 설계돼 있습니다. 잉여업체들의 이월을 위한 순매도 물량은 전환부문, 시장조성자, 증권사에서 충분히 흡수 가능한 물량입니다.

셋째, 유상 경매 물량 통제입니다. 탄소배출권 수급과 가격에 가장 직접적으로 영향을 미치는 시장은 유상 경매 시장입니다. 코로나19 사태로 탄소배출권 가격이 하락하자 정책당국은 제26차(2021년 2월 10일), 제27차(2021년 3월 10일), 제28차(2021년 4월 21일), 제29차(2021년 5월 12일) 경매 시장을 개장하지 않았습니다. 당시 미공급물량은 160만 톤(KAU20년물)으로 당초 계획했던 경매 물량 중 19.6%의 물량이 공급되지 않았습니다.

이 결과 추가적인 배출권 가격하락을 방어하는 듯했지만, 상황은 달라졌습니다. 2021년 6월 25일 제30차 경매 시장 개장 이후 낙찰가격은 최저치인 톤당 1만 1,450원으로 급락했고 유찰비율이 99.4%에 달했습니다. 이에 대한 여파로 제2차 최저거래가격제도가 톤당 9,450원에 발동됐습니다.

넷째, 시장 조성자 및 증권사 저점 매수세입니다. 코로나19 사태 이후 시장 유동성 개선과 함께 안정적 배출권 가격형성을 위해 정책당국이 취한 대표적인 조치로 인해 시장 조성자를 확대했습니다. 특히 전환부문의 매수 물량과 산업 부문의 매도물량에 대해 시장 조성자와 증권사들이 반대포지션을 통해 효율적으로 대응하고 있어 가격 급등락을 방어하는 모습을 보이고 있습니다. 특히 시장 조성자 및 증권사의 보유 한도를 시장 조성자(7곳)의 경우 100만 톤에서 150만 톤으로, 증권사(20곳)는 20만 톤에서 50만 톤으로 상향 조정했습니다.

다섯째, 유럽 탄소국경조정제도(CBAM)입니다. 탄소국경조정제도(CBAM)는 탄소배출권 가격을 충분히 지불하지 않은 국가의 제품을 유럽에 수출할 경우 두 국가 간 배출권 가격 차이만큼 관세를 내도록 하는 제도로 올 10월부터 시행될 예정입니다. 해당하는 금액은 유럽 탄소배출권 가격과 연동돼 결정됩니다.

예를 들어 올해 1월 20일 현재, 국내 탄소배출권 가격은 톤당 1만 4,500원, 유럽 탄소배출권 가격은 톤당 10만 9,545원(원화 환산)으로 양 국가 간 탄소배출권의 가격 차이는 9만 5,045원(7.55배) 달하고 있습니다. 따라서 국내 탄소배출권 시장도 글로벌 스탠더드에 부합하도록 유상할당 및 시장 참여자 확대가 필요한 대목입니다.

혹자는 유럽 탄소배출권 가격이 상승하면 국내 탄소배출권 가격 또한 상승하길 기대합니다. 그 결과 나타난 이슈가 배출권 소멸 이슈입니다. 좀 더 정확히 이야기하면 배출권 가격이 지속적으로 하락해 제로로 수렴하는 현상을 기대합니다.

유럽 탄소배출권 가격이 제로가 된 경우는 제도 시행 초기에 나타난 시행착오의 과정으로 이해해야 합니다. 그간 시장에선 실패를 방지하려는 많은 제도와 정책의 변화가 있어 왔습니다. 따라서 탄소배출권 가격이 재차 제로로 수렴하는 일은 기대하기 어렵습니다.

국내 탄소배출권 시장 또한 2015년 개장 이후 다양한 시행착오를 거치면서 제도 및 정책적 변화를 보였는데요. 가장 핵심이 되는 내용은 수급요인 중에서 공급 측 요인들의 통제로 가격을 통제하려는 움직임입니다. 경매 시장의 물량공급 통제는 직접적으로, 단기적으로 배출권 가격에 영향을 주는 요인이 됐습니다. 현물시장 가격의 하락은 경매 시장에서도 유찰물량 증가와 낙찰가격 하락으로 이어지는 연계 움직임이 강화되고 있습니다.

또 코로나19 사태 본격화로 매도 물량 유입과 가격하락에 대한 방어 차원에서 증권사들의 시장 참여는 매우 시의적절한 조치였고 이와 함께 시장 유동성 개선과 수급 불균형 해소에 있어서 큰 역할을 담당하고 있습니다.

결론적으로 국내 탄소배출권 시장은 계획기간과 이행기간을 거치면서 다방면으로 수급개선 조치들이 진행됐습니다. 탄소배출권 시장의 강건성이 개선됨에 따라 배출권 가격이 극단적으로 치닫는 제로로의 수렴 현상은 불가능합니다. 배출권 소멸(가격 제로)은 앞서 언급한 5가지 요인들이 부재할 경우만 가능한 일입니다. 배출권 잉여가 배출권 소멸로 이어진다는 일차원적 해석은 지양해야 합니다.

탄소배출권 현물시장과 경매 시장 간 차익거래, 가능할까?

2023년 2월 8일

경매 시장, 수급 불균형 해소 위한 유동성 공급 기능
낙찰하한가, 무위험 매도차익거래 기회 제공

통상 무위험 차익거래는 현물시장과 선물시장 간에 불균형, 즉 과대평가된 시장은 매도하고 과소평가된 시장은 매입하는 형태로 이뤄집니다. 국내 탄소배출권 시장은 현물시장만 개장한 상태로 선물시장을 상대로 한 무위험 차익거래는 불가능한 상태입니다.

무위험 차익거래는 현물자산을 매도하고 선물자산을 매입하는 매도차익거래와 반대로 현물자산을 매입하고 선물자산을 매도하는 경우로 매수차익거래로 정의하고 있습니다. 무위험 차익거래는 매매에 있어 리스크가 '제로'(0)인 거래로 자금 조달을 통해 무위험 수익을 얻는 매매 기법입니다.

국내 탄소배출권 현물시장은 2015년 1월 12일 개장 이후 유상할당 제도가 도입되면서 2019년 1월 23일 경매 시장이 개설됐습니다. 매월 둘째 주 수요일, 경매 시장을 통해 유상할당 배출권이 공급되고 있습니다. 낙찰가격은 경매 시장의 수급 상황에 따라 최저낙찰가 또는 낙찰하한가로 결정됩니다.

49회 차를 맞이하고 있는 경매 시장에서 형성된 낙찰가격과 현물시장 가격 간의 차이를 이용해 무위험 차익거래가 가능할까요? 이 과정에서 나타난 경매 시장의 문제점과 개선방안은 뭐가 있을까요?

기본적으로 할당 배출권의 년물이 일치되는 경매 시장 데이터와 현물시장 데이터를 정리한 뒤, 무위험 차익거래에 대한 손익 분석을 위해서 경매 낙찰가격과 현물시장의 가격을 분석해 무위험 차익거래 수익을 분석했습니다.

2019년 1월 23일, 첫 경매 이후 최근까지 총 49회 차에 걸쳐 경매가 진행됐습니다. 이 가운데 제26회 차부터 29회 차까지는 코로나19 사태에 따른 공급과잉 이슈로 경매 시장은 개설되지 않았습니다. 현물시장과 경매 시장 간 동일한 년물이 거래된 경우는 총 49회 차 중 38회에 달합니다.

38회 중 매도차익거래가 가능했던 회수는 22회로 파악됐습니다. 매도차익거래는 경매 시장에서 배출권 매입 후 현물시장에서 매도 가능한 거래를 기준으로 했습니다. 즉, 경매 시장에서 저가에 매입한 후 현물시장에서 고가에 매도하는 포지션 대응으로 낙찰가격과 현물가격 간의 차이가 무위험 차익거래의 손익을 결정짓게 됩니다.

무위험 매도차익거래 중 현물시장의 상한가(+10.0%)를 초과한 경우는 총 3회로, 제30회 차 31.44%, 제32회 차 19.54%, 제49회 차 20.93%의 무위험 수익률을 각각 달성했습니다.

올 1월 11일 경매 결과를 이용해 실현 가능한 매도차익거래를 살펴보면, 무상으로 할당받은 배출권 10톤과 함께 유상 경매 시장에서 톤당 1만 2,900원에 10톤을 매입한 뒤, 현물시장에서 톤당 1만 5,600원에 20톤을 매도할 경우 무위험 매도차익거래 수익률은 141.86%에 달합니다.

배출권이 부족한 유상할당 대상업체의 경우 경매 시장에서 낙찰하한가(톤당 1만 2,900원)로 배출권을 확보해 잉여포지션으로 전환한 뒤 이월대응을 위해 현물시장에서 매도포지션(톤당 1만 5,600원)을 취하게 되면 무위험 매도차익거래를 통해 수익확보가 가능합니다. 동시에 잉여분 이월을 위해 매도물량이 지속적으로 출회된다면 배출권 가격상승을 제한하게 됩니다.

무위험 차익거래 수익률이 10%를 초과한 회차들의 공통된 특징은 '초과공급'으로 낙찰가격이 모두 낙찰하한가로 결정됐다는 점입니다. 낙찰하한가가 지속될 경우 무위험 매도차익거래의 기회는 확대됩니다. 잦은 차익거래의 기회는 시장과 제도의 문제점을 반증합니다.

응찰수량이 입찰수량보다 큰 경우 최저낙찰가로 낙찰가격이 결정되고 이 과정에서 현물가격보다 경매 가격이 높게 형성돼 KAU 현물매입·경매매도 대응이 유효합니다. 반대로 응찰수량이 입찰수량보다 적은 경우 낙찰하한가로 낙찰가격이 결정됩니다. 현물가격이 경매가격보다 높게 가격이 형성됨에 따라 KAU 현물매도·경매매입 대응이 유효합니다.

경매 시장 도입 목적은 시장 수급상황을 반영한 가격발견 기능, 수급 불균형을 해소를 위한 유동성 공급기능, 탄소배출권 가격 변동성 축소기능, 다수 경매 참여자로 시장 투명성 강화, 글로벌 스탠더드에 부합 등을 꼽고 있지만, 현실은 이들 순기능과는 전혀 다른 행태로 경매 시장이 운영되고 있습니다.

경매 시장 제도 중에서 최고 응찰가격과 최저 응찰가격에 대한 제한이 없다는 점과 낙찰하한가를 전혀 알 수 없다는 점은 이러한 무위험 차익거래를 가능하게 하고 있습니다. 국내 탄소배출권 현물시장은 전일 종가 대비 ±10.0%로 상하한 가격을 제한하고 있는 반면에 경매 시장은 가격발견 기능 차원에서 상하한 가격 제한을 두고 있지 않습니다. 특히 낙찰하한가는 미공개로 운영되고 있어 배출권 가격관리의 일관성은 빠져 있습니다.

탄소배출권 경매 시장과 가격발견 기능

2023년 2월 21일

경매 시장 가격발견 기능, 하락추세서 관찰
코로나 이후 낙찰하한가로 낙찰가격 결정

경매 시장 도입 목적은 시장 수급 상황을 반영한 가격발견 기능, 수급 불균형을 해소를 위한 유동성 공급기능, 탄소배출권 가격 변동성 축소기능, 다수 경매 참여자로 시장 투명성 강화, 글로벌 스탠더드에 부합 등을 꼽을 수 있을 것입니다.

일반적으로 시장에 대한 가격발견 기능은 선물시장에서 형성되는 시장가격이 그 기능을 담당합니다. 가격발견 기능은 재고수준과 밀접한데요. 현물시장에서 재고가 많으면 현물가격은 하락하고 선물가격은 상승합니다. 반대로 재고가 적으면 현물가격은 상승하고 선물가격은 하락하게 됩니다.

유상 경매 시장의 가격발견 기능을 분석하기 위해 경매 시장에서 형성된 낙찰가격을 기준으로 형성된 추세가 일정기간 상승 또는 하락 추세가 지속됐는지 여부를 판단하고 여기에 상응하는 가격등락을 산정, 가격발견 기능의 강도를 분석했습니다.

가격발견 기능은 시장 수급을 기반으로 초과수요인 경우 가격상승에 대한 기대하게 되고 초과공급인 경우 가격하락에 기대로 정의할 수 있습니다. 응찰(수요)이 입찰(공급)보다 큰 경우 현물가격보다 경매가격이 높게 형성되면서 향후 가격상승에 대한 전망을 하게 됩니다.

반대로 입찰(공급)이 응찰(수요)보다 큰 경우 초과공급으로 현물가격보다 경매가격이 낮게 형성되면서 가격하락에 대한 전망을 하게 됩니다. 이 경우 낙찰가격은 낙찰하한가로 결정됩니다.

경매 시장은 매월 개장함에 따라 해당 시점의 실질적인 수급 상황을 반영하는 만큼 낙찰가격이 최저 응찰가로 결정됐는지 또는 낙찰하한가로 결정됐는지에 따라 향후 가격 방향성을 엿볼 수 있습니다.

2019년 1월 개장 이후 총 49회 차에 걸쳐 진행된 경매 시장에서 개장하지 않은 4회를 제외하고 최저 응찰가는 18회를, 그리고 낙찰하한가는 27회로 낙찰가격이 결정됐습니다. 특히 주목할 내용은 코로나19 이전은 배출권에 대한 초과수요로 최저 응찰가격이 낙찰가격으로 결정됐지만, 코로나19 이후에는 낙찰하한가격이 낙찰가격으로 결정됐습니다.

경매 시장의 가격발견 기능을 분석한 결과 초과수요 국면에서 상승추세를 지속적으로 연출한 국면은 전무한 반면, 낙찰가격을 중심으로 하락추세가 일정기간 유지된 경우는 총 6회에 걸쳐 관찰됐습니다. 코로나19 이전에는 2회, 코로나19 이후에는 4회에 걸쳐 하락추세가 유지되는 가격하락발견 기능이 감지됐습니다.

가격발견 기능 중 하락은 제19회 차(KAU 19년물), 제25회 차(KAU 20년물), 제38회 차(KAU 21년물), 제39회 차(KAU 21년물), 제42회 차(KAU 21년물), 제44회 차(KAU 22년물)로 총 6회에 걸쳐 경매 시장의 가격하락 발견기능을 한 것으로 밝혀졌습니다.

현물시장의 가격하한선인 마이너스(-)10.0%를 초과해 가격하락을 견인했던 회차는 총 3회 차로 제19회 차(KAU19년물), 제25회 차(KAU20년물), 제42회 차(KAU21년물)입니다. 초과공급 상태에서 낙찰가격은 낙찰하한가로 결정됐으며 Cover Ratio(응찰·입찰)는 각각 0.71, 0.75, 0.40를 보였습니다.

이를 반영하듯 배출권 잉여로 경매 시장에서는 유찰비율이 늘어나고 있습니다. 탄소배출권 시장은 현물시장, 경매 시장, 선물시장으로 구성됩니다. 공히 해당 시장들의 수급상황에 맞게 이들 시장은 가격결정구조를 가지고 있습니다. 가격발견 기능은 경매 시장과 선물시장이 담당하게 되고 차익거래는 현물 및 경매 시장 간, 현물 및 선물시장 간, 경매 및 선물시장 간에 가능합니다.

따라서 가격등락에 대한 기대치인 가격발견 기능과 함께 무위험 차익거래를 통한 시장가격의 불균형 해소는 3대 시장의 합리적인 가격형성에 있어 중요한 기능과 거래입니다. 2019년 1월 개장한 국내 경매 시장은 배출권 현물을 공급에 있어 유동성 통제로 현물시장의 가격결정에 직간접적인 영향을 끼치고 있습니다.

경매 시장을 통한 가격발견 기능은 극히 제한적인 모습을 보이고 있습니다. 이는 시장 참여자가 극히 소수에 그치고 있기 때문인데요. 또 초과공급 시 낙찰가격이 낙찰하한가로 결정됨에 따라 경매 시장에서 가격발견 기능은 하락추세에서만 관찰되고 있습니다.

'2050년 탄소중립'과 탄소차액계약제도에 대해

2023년 3월 6일

정부 "2050년까지 1억 2,000만 톤 온실가스 감축"
탄소배출권 준거가격과 행사가격 간 가격차 보전

최근 정부는 철강과 석유화학, 시멘트, 반도체·디스플레이 등 4대 탄소 다배출 업종을 대상으로 탄소중립 라운드 테이블을 개최했습니다. 정부와 함께 탄소저감 기술 개발을 추진해 온실가스를 감축하는 것이 목표죠.

이를 위해 국내 4대 탄소 다배출 업종과 함께 총 사업비 9,352억 원 규모의 탄소중립 기술개발 사업을 2030년까지 추진한다는 방침으로 2050년까지 1억 2,000만 톤의 온실가스를 감축한다는 목표를 설정했습니다.

대규모 투자 대비 감축효과의 극대화를 위해서는 탄소차액계약제도(CCfDs·Carbon Contracts for Differences)의 도입이 시급해보입니다. 탄소차액계약제도는 할당대상업체가 온실가스 감축 프로젝트에 투자할 경우 정부와의 협상을 통해 탄소배출권 고정가격 계약 맺은 뒤 계약 만기 시점에 탄소배출권 시장가격(준거가격)과 탄소배출권 고정가격(행사가격) 계약 간의 가격 차이를 보전해 주는 제도입니다. 만약 탄소배출권 시장가격이 탄소배출권 고정가격보다 낮으면 정부가 그 차액을 보전해 주는 식입니다.

탄소차액계약제도에서 준거가격은 옵션 행사 시 대상이 되는 기초자산의 가격을 의미하고 행사가격은 미래시점에 인도할 수 있는 자산의 가격으로 옵션거래 시 옵션매수자가 권리를 행사할 경우 지급하는 기초자산의 매입 또는 매도 가격을 뜻합니다.

탄소차액거래제도에 있어 행사가격은 한계감축비용(MAC·Marginal Abatement Cost)으로 해석됩니다. 온실가스 감축 투자를 위한 의사결정에 있어 온실가스 1

톤을 줄이는 데 소요되는 한계감축비용과 탄소배출권 시장가격을 비교해 투자 의사결정을 하게 됩니다.

한계감축비용이 탄소배출권 시장가격보다 저렴하면 감축 투자를 진행하고 반대인 경우는 탄소배출권 시장에서 매입해 제도대응을 이행하게 됩니다. 하지만 온실가스 감축효과는 탁월하나 단위당 온실가스 감축비용이 큰 프로젝트들에 대해서는 투자를 주저하게 됩니다. 이러한 문제점을 해결하고자 유럽을 중심으로 탄소차액계약제도가 빠르게 채택돼 운영되고 있습니다.

금융공학적으로 해석해보면, 탄소차액거래제도는 옵션의 성격이 강한 제도입니다. 옵션은 기초자산을 사거나 팔 수 있는 권리를 매매하는 것으로 콜옵션과 풋옵션으로 나눠집니다. 콜옵션 매입은 기초자산을 살 수 있는 권리(콜옵션 매도는 팔 의무)이고, 풋옵션 매입은 기초자산을 팔수 있는 권리(풋옵션 매도는 살 의무)입니다.

탄소차액계약제도에 있어 준거가격이 행사가격보다 높게 형성될 경우 업체는 콜옵션을 매도한 상태가 됩니다. 정부가 옵션을 행사할 경우 준거가격과 행사가격의 차이만큼 수익을 확보하게 됩니다. 반대로 준거가격이 행사가격보다 낮게 형성될 경우 정부는 풋옵션을 매도한 상태가 되고 업체가 옵션 행사 시 행사가격에서 준거가격의 차이만큼 수익을 확보하게 됩니다.

한편 탄소배출권 플레인 바닐라 스왑 관점에서 보면 준거가격이 행사가격보다 높은 경우, 고정가격 지불·변동가격 수취인 '페이 스왑'(Long Swap) 포지션이 되고 반대로 준거가격이 행사가격보다 낮은 경우는 고정가격 수취 · 변동가격 지불인 '리시브 스왑'(Short Swap) 포지션이 됩니다.

온실가스 감축 프로젝트를 진행함에 있어서 리스크는 한계감축비용의 경우 고정가격인 반면 탄소배출권 시장가격은 변동가격이라는 점입니다. 이런 위험을 해결하는 방법으로는 단기적인 프로젝트들에 대해서는 탄소배출권 선물매도포지션으로 시장가격을 고정화시키는 방법이 있습니다. 반대로 고비용·장기 감축 프로젝트들에 대해서는 탄소차액계약제도를 이용해 역마진을 보상받는 방법입니다.

탄소차액계약제도 도입에 있어 가장 중요한 핵심내용은 준거가격과 행사가격의 설정 기준 마련입니다. 준거가격의 경우는 할당배출권(KAU)를 기준으로 거래량 가중평균단가를 이용할 수 있습니다. 행사가격은 해당 업종의 한계감축비용이나 또는 만기와 편익수익을 반영한 탄소배출권 선도가격(스왑가격 + 옵션가격)을 채택할 수도 있습니다.

결론적으로 온실가스 감축 프로젝트 진행 시 한계감축비용(고정가격)과 탄소배출권 시장가격(변동가격)간의 가격 차이를 정부가 보전해주면서, 감축 프로젝트들에 대한 투자가 더욱 활발해질 것으로 예상됩니다. 탄소차액계약제도 도입은 '2050 탄소중립'을 동반한 국가 온실가스 감축 목표(NDC) 달성과 더불어, 최근 들어 부각되고 있는 RE100(Renewable Energy 100%) 캠페인, ESG(환경·사회·지배구조) 경영, 탄소국경조정제도(CBAM·Carbon Border Adjustment Mechanism) 등의 파고를 넘기 위해서도 필요한 제도입니다.

국내 탄소배출권 시장 수급 개선하려면

2023년 3월 31일

산업부문 순매도 vs 증권부문 순매수
수급 불균형 해소 위한 경매 물량 축소

국내 탄소배출권(KAU) 시장은 약세를 면치 못하고 있습니다. 8년 차에 접어들었음에도 불구하고 배출권 시장에 대한 배출권 수급관리와 수급 불균형을 해소할 만한 정책적, 제도적 기준이 매우 미흡합니다.

코로나19 이전인 제1차·2차 계획기간에는 수요우위 속에 보유심리 확산, 유동물량 부족을 해결하고자 일정 물량 매도를 전제로 한 이월제한 조치가 도입돼 가격급등과 물량 부족 문제를 해결해 왔습니다. 2019년 1월 23일에는 유상할당에 따른 경매 시장이 개설돼 배출권의 안정적인 유동성 공급장치가 마련되기도 했습니다. 제3차 계획 기간(2021~2025년) 동안, 유상 할당 비중 증가로 경매 시장의 낙찰물량은 현물시장과 맞먹는 규모까지 성장했습니다.

하지만 코로나19 이후에는 경기 둔화와 에너지 수요 급감으로 잉여사태가 발생했고 2021년 6월에는 톤당 1만 원대까지 급락하면서 시장 안정화 조치의 하단을 이탈하는 사태가 발생, 개장 이후 최저거래가격제한제도가 새롭게 도입됐습니다.

가장 우려되는 대목은 잉여업체들의 이월을 위한 매도물량 출회와 함께 경매 시장에서도 공급우위로 연이어 유찰사태가 촉발하면서 수급 불균형을 심화시키고 있다는 점인데요. 코로나19 사태 이후 배출권 가격하락이 본격화되자 정책당국은 2021년 2월부터 작년 5월까지 경매 시장 휴장 조치를 단행했습니다. 이 결과 현물시장에서 추가적인 가격하락을 방어하기에 이르렀습니다.

투자자별 매매 동향의 경우, 코로나19 사태를 중심으로 이전과 이후는 명확한 차이점을 가집니다. 코로나19 이전의 경우엔 전환부문의 매수우위와 산업부문의 매도우위 속에 현물시장을 중심으로 매매가 활발히 이뤄졌지만, 코로나19 이후에는 전환부문의 매수세가 경매 시장으로 이탈했고, 그 공백을 증권부문이 메꾸면서 산업부문의 매도물량을 흡수하고 있습니다.

최근에는 전환부문의 매수세 약화와 산업부문의 매도세가 강화되면서 약보합 장세를 연출하고 있습니다. 공급우위 속에 배출권 가격은 지난 22일, 톤당 1만 2,500원으로 연중 최저치를 경신했습니다. 작년 8월부터 산업부문의 누적 순매도 244만 6,000톤이 출회되면서 가격하락을 이끌었고 이 물량을 증권부문에서 소화하고 있으나, 반등을 기대하기에는 역부족인 상황입니다. 산업부문의 고점 매도세와 증권부문의 저점 매수세가 톤당 1만 2,000원에서 톤당 1만 5,000원대의 박스권을 만들고 있습니다.

탄소배출권 현물시장의 관전 포인트는 산업부문의 공격인 매도물량을 증권부문, 특히 시장 조성자가 연이어 소화하고 있다는 점입니다. 예전에는 전환부문이 현물시장과 경매 시장에서 동시에 부족분을 채워왔는데 최근에는 부족분 모두를 경매 시장에서 메꾸고 있습니다.

이처럼 전환부문이 경매 시장을 선호하게 되는 것은 대규모 물량 확보가 가능하다는 점과 경매 시장 수급상 공급우위에 따른 낙찰하한가로 현물가격보다 낮은 가격대에서 매입이 가능하다는 점 때문입니다.

경매 시장에서 응찰물량과 입찰물량 중 응찰물량이 작은 경우 공급우위로 낙찰가격은 낙찰하한가로 정해집니다. 이로 인해 현물시장 가격보다 낮게 매입할 수 있습니다. 경매 시장에서 낮은 가격으로 낙찰받은 후 현물시장에서 높은 가격에 매도하는 단기 매도차익거래가 가능합니다. 이러한 차익거래는 현물가격을 추가로 하락시키게 됩니다.

곧 10년 차에 접어드는 시점에서 수급개선에 대한 준칙이 필요합니다. 여기서 준칙이라함은 순간적이고 임시 방편적인 대응이 아니라 잉여·부족 발생 시 자동적으로 발동되는 실질적인 준칙을 의미합니다.

벤치마킹할 만한 조치는 유럽의 시장 안정화 조치입니다. 적정 유통물량을 산정해 과부족 상황에 맞게끔 물량 통제로 가격 통제를 하고 있습니다. 최근 유럽 탄소배출권 가격의 급등세는 에너지가격상승에도 원인이 있겠지만 공급감소(유통물량 축소)에 기인합니다.

수급 불균형의 심화는 가격 변동성을 확대시킵니다. 최근 가격하락을 방어하기 위한 근본적 처방은 배출권 공급감소와 배출권 수요증가입니다. 경기 리세션이 심화되는 상황에서 수요 증진은 기대하기 어렵습니다. 단기적인 관점에서 공급 감소를 위해서는 경매 시장 휴장으로 공급물량을 대폭 감소시켜야 합니다.

수급 불안과 관련해 시장에서 회자되고 있는 해법 중 하나로 이월제한 완화조치를 이야기하고 있는데, 계획기간 중간에 이월제도 변경을 단행할 경우 시장참가자들에게 많은 혼선을 야기시킬 수 있어 적절해 보이지 않습니다.

효과적인 이월정책은 배출권 할당과 연계돼야 글로벌 스탠더드에 부합할 수 있습니다. 제4차 계획기간부터는 유상할당 비율이 10%면 잉여분에 대해서도 10% 이월을 허용하고, 만약 유상할당이 100%인 경우 잉여량 100%를 이월할 수 있게끔 유상비율과 연동해 이월을 허용해야 합니다. 무상할당 배출권에 대한 잉여량에 대해서 무제한 이월을 허용한다는 것은 매우 비상식적입니다.

지난 8일 기준 누적 경매 수익금 규모는 1조 2,272억 원입니다. 이 수익금 중 일부를 잉여물량 매입에 할애하는 것도 배출권 시장 수급개선과 함께 가격 안정화에도 크게 기여할 것으로 보입니다. 결론은 탄소배출권 시장이 제대로 작동돼야 2050 탄소중립도 달성될 수 있단 것입니다.

| 부록 2 |

온실가스 배출권의 할당 및 거래에 관한 법률

(약칭 : 배출권거래법)

[시행 2022. 3. 25] [법률 제18469호, 2021. 9. 24, 타법 개정]

환경부(기후경제과-제도총괄)
기획재정부(기후환경정책팀)
국무조정실(녹색성장지원단)

제1장 총칙

제1조(목적) 이 법은 '기후위기 대응을 위한 탄소중립 · 녹색성장 기본법' 제25조에 따라 온실가스 배출권을 거래하는 제도를 도입함으로써 시장기능을 활용하여 효과적으로 국가의 온실가스 감축목표를 달성하는 것을 목적으로 한다. 〈개정 2021. 9. 24.〉

제2조(정의) 이 법에서 사용하는 용어의 뜻은 다음과 같다. 〈개정 2021. 9. 24.〉

1. "온실가스"란 '기후위기 대응을 위한 탄소중립·녹색성장 기본법'(이하 "기본법"이라 한다) 제2조 제5호에 따른 온실가스를 말한다.
2. "온실가스 배출"이란 기본법 제2조 제6호에 따른 온실가스 배출을 말한다.
3. "배출권"이란 기본법 제8조에 따른 중장기 국가 온실가스 감축 목표(이하 "국가온실가스감축목표"라 한다)를 달성하기 위하여 제5조 제1항 제1호에 따라 설정된 온실가스 배출허용총량의 범위에서 개별 온실가스 배출업체에 할당되는 온실가스 배출허용량을 말한다.
4. "계획기간"이란 국가온실가스감축목표를 달성하기 위하여 5년 단위로 온실가스 배출업체에 배출권을 할당하고 그 이행실적을 관리하기 위하여 설정되는 기간을 말한다.
5. "이행연도"란 계획기간별 국가온실가스감축목표를 달성하기 위하여 1년 단위로 온실가스 배출업체에 배출권을 할당하고 그 이행실적을 관리하기 위하여 설정되는 계획기간 내의 각 연도를 말한다.
6. "1 이산화탄소상당량톤(tCO_2-eq)"이란 이산화탄소 1톤 또는 기본법 제2조 제5호에 따른 기타 온실가스의 지구 온난화 영향이 이산화탄소 1톤에 상당하는 양을 말한다.

제3조(기본원칙) 정부는 배출권의 할당 및 거래에 관한 제도(이하 "배출권거래제"라 한다)를 수립하거나 시행할 때에는 다음 각 호의 기본원칙에 따라야 한다.

1. '기후변화에 관한 국제연합 기본협약' 및 관련 의정서에 따른 원칙을 준수하고, 기후변화 관련 국제협상을 고려할 것
2. 배출권거래제가 경제 부문의 국제경쟁력에 미치는 영향을 고려할 것
3. 국가온실가스감축목표를 효과적으로 달성할 수 있도록 시장기능을 최대한 활용할 것
4. 배출권의 거래가 일반적인 시장 거래 원칙에 따라 공정하고 투명하게 이루어지도록 할 것
5. 국제 탄소시장과의 연계를 고려하여 국제적 기준에 적합하게 정책을 운영할 것

제2장 배출권거래제 기본계획의 수립 등

제4조(배출권거래제 기본계획의 수립 등) ① 정부는 이 법의 목적을 효과적으로 달성하기 위하여 10년을 단위로 하여 5년마다 배출권거래제에 관한 중장기 정책목표와 기본방향을 정하는 배출권거래제 기본계획(이하 "기본계획"이라 한다)을 수립하여야 한다.

② 기본계획에는 다음 각 호의 사항이 포함되어야 한다.

1. 배출권거래제에 관한 국내외 현황 및 전망에 관한 사항
2. 배출권거래제 운영의 기본방향에 관한 사항
3. 국가온실가스감축목표를 고려한 배출권거래제 계획기간의 운영에 관한 사항
4. 경제성장과 부문별 · 업종별 신규 투자 및 시설(온실가스를 배출하는 사업장 또는 그 일부를 말한다. 이하 같다) 확장 등에 따른 온실가스 배출 전망에 관한 사항
5. 배출권거래제 운영에 따른 에너지가격 및 물가 변동 등 경제적 영향에 관한 사항
6. 무역집약도 또는 탄소집약도 등을 고려한 국내 산업의 지원대책에 관한 사항
7. 국제 탄소시장과의 연계 방안 및 국제협력에 관한 사항
8. 그 밖에 재원조달, 전문인력 양성, 교육·홍보 등 배출권거래제의 효과적 운영에 관한 사항

③ 정부는 제8조에 따른 주무관청이 변경을 요구하거나 기후변화 관련 국제협상 등에 따라 기본계획을 변경할 필요가 있다고 인정할 때에는 그 타당성 여부를 검토하여 기본계획을 변경할 수 있다.

④ 정부는 기본계획을 수립하거나 변경할 때에는 관계 중앙행정기관, 지방자치단체 및 관련 이해관계인의 의견을 수렴하여야 한다.

⑤ 기본계획의 수립 또는 변경은 대통령령으로 정하는 바에 따라 기본법 제15조 제1항에 따른 2050 탄소중립녹색성장위원회(이하 "탄소중립녹색성장위원회"라 한다) 및 국무회의의 심의를 거쳐 확정한다. 다만, 대통령령으로 정하는 경미한 사항을 변경하는 경우에는 그러하지 아니하다. 〈개정 2021. 9. 24.〉

제5조(국가 배출권 할당계획의 수립 등) ① 정부는 국가온실가스감축목표를 효과적으로 달성하기 위하여 계획기간별로 다음 각 호의 사항이 포함된 국가 배출권 할당계획(이하 "할당계획"이라 한다)을 매 계획기간 시작 6개월 전까지 수립하여야 한다.

1. 국가온실가스감축목표를 고려하여 설정한 온실가스 배출허용총량(이하 "배출허용총량"이라 한다)에 관한 사항
2. 배출허용총량에 따른 해당 계획기간 및 이행연도별 배출권의 총수량에 관한 사항
3. 배출권의 할당대상이 되는 부문 및 업종에 관한 사항
4. 부문별·업종별 배출권의 할당기준 및 할당량에 관한 사항
5. 이행연도별 배출권의 할당기준 및 할당량에 관한 사항
6. 제8조에 따른 할당대상업체에 대한 배출권의 할당기준 및 할당방식에 관한 사항
7. 제12조 제3항에 따라 배출권을 유상으로 할당하는 경우 그 방법에 관한 사항
8. 제15조에 따른 조기감축실적의 인정 기준에 관한 사항
9. 제18조에 따른 배출권 예비분의 수량 및 배분기준에 관한 사항
10. 제28조에 따른 배출권의 이월·차입 및 제29조에 따른 상쇄의 기준 및 운영에 관한 사항
11. 그 밖에 해당 계획기간의 배출권 할당 및 거래를 위하여 필요한 사항으로서 대통령령으로 정하는 사항

② 정부는 제1항 각 호에 관한 사항을 정할 때에는 부문별·업종별 배출권거래제의 적용 여건 및 국제경쟁력에 대한 영향 등을 고려하여야 한다.

③ 정부는 계획기간 중에 국내외 경제상황의 급격한 변화, 기술 발전 등으로 할당계획을 변경할 필요가 있다고 인정할 때에는 그 타당성 여부를 검토하여 할당계획을 변경할 수 있다.

④ 정부는 할당계획을 수립하거나 변경할 때에는 미리 공청회를 개최하여 이해관계인의 의견을 들어야 하며, 공청회에서 제시된 의견이 타당하다고 인정할 때에는 할당계획에 반영하여야 한다.

⑤ 할당계획의 수립 또는 변경은 대통령령으로 정하는 바에 따라 탄소중립녹색성장위원회 및 국무회의의 심의를 거쳐 확정한다. 다만, 대통령령으로 정하는 경미한 사항을 변경하는 경우에는 그러하지 아니하다. 〈개정 2021. 9. 24.〉

제6조(배출권 할당위원회의 설치) 배출권거래제에 관한 다음 각 호의 사항을 심의·조정하기 위하여 기획재정부에 배출권 할당위원회(이하 "할당위원회"라 한다)를 둔다.

1. 할당계획에 관한 사항
2. 제23조에 따른 시장 안정화 조치에 관한 사항
3. 제25조에 따른 배출량의 인증 및 제29조에 따른 상쇄와 관련된 정책의 조정 및 지원에 관한 사항
4. 제36조에 따른 국제 탄소시장과의 연계 및 국제협력에 관한 사항
5. 그 밖에 배출권거래제와 관련하여 위원장이 할당위원회의 심의·조정을 거칠 필요가 있다고 인정하는 사항

제7조(할당위원회의 구성 및 운영) ① 할당위원회는 위원장 1명과 20명 이내의 위원으로 구성한다.

② 할당위원회 위원장은 기획재정부장관이 되고, 위원은 다음 각 호의 사람이 된다. 〈개정 2013. 3. 23., 2017. 7. 26.〉

1. 기획재정부, 과학기술정보통신부, 농림축산식품부, 산업통상자원부, 환경부, 국토교통부, 국무조정실, 금융위원회, 그 밖에 대통령령으로 정하는 관계 중앙행정기관의 차관급 공무원 중에서 해당 기관의 장이 지명하는 사람
2. 기후변화, 에너지·자원, 배출권거래제 등 저탄소 녹색성장에 관한 학식과 경험이 풍부한 사람 중에서 기획재정부장관이 위촉하는 사람

③ 할당위원회 위원장은 위원회를 대표하고, 위원회의 사무를 총괄한다.

④ 제2항 제2호에 따라 위촉된 위원의 임기는 2년으로 하며, 한 차례만 연임할 수 있다.

⑤ 할당위원회에는 대통령령으로 정하는 바에 따라 간사위원 1명을 둔다.

⑥ 간사위원은 위원장의 명을 받아 할당계획의 수립 준비 등 할당위원회의 사무를 처리한다.

⑦ 이 법에서 규정한 사항 외에 할당위원회의 구성 및 운영 등에 필요한 사항은 대통령령으로 정한다.

제3장 할당대상업체의 지정 및 배출권의 할당

제1절 할당대상업체의 지정

제8조(할당대상업체의 지정 및 지정취소) ① 대통령령으로 정하는 중앙행정기관의 장(이하 "주무관청"이라 한다)은 매 계획기간 시작 5개월 전까지 제5조 제1항 제3호에 따라 할당계획에서 정하는 배출권의 할당대상이 되는 부문 및 업종에 속하는 온실가스 배출업체 중에서 다음 각 호의 어느 하나에 해당하는 업체를 배출권 할당대상업체(이하 "할당대상업체"라 한다)로 지정·고시한다. 〈개정 2020. 3. 24., 2021. 9. 24.〉

1. 최근 3년간 온실가스 배출량의 연평균 총량이 125,000이산화탄소상당량톤(tCO_2-eq) 이상인 업체이거나 25,000이산화탄소상당량톤(tCO_2-eq) 이상인 사업장을 하나 이상 보유한 업체로서 다음 각 목의 어느 하나에 해당하는 업체
   가. 직전 계획기간 당시 할당대상업체
   나. 기본법 제27조 제1항에 따른 관리업체(이하 "관리업체"라 한다)
2. 제1호에 해당하지 아니하는 관리업체 중에서 할당대상업체로 지정받기 위하여 신청한 업체로서 대통령령으로 정하는 기준에 해당하는 업체

② 주무관청은 제1항에 따라 할당대상업체로 지정·고시한 업체가 다음 각 호의 어느 하나에 해당하게 된 경우에는 해당 업체에 대한 할당대상업체의 지정을 취소할 수 있다. 〈개정 2020. 3. 24.〉

1. 할당대상업체가 폐업·해산 등의 사유로 더 이상 존립하지 아니하는 경우
2. 할당대상업체가 분할하거나 사업장 또는 일부 시설을 양도하는 등의 사유로 사업장을 보유하지 아니하게 된 경우
3. 그 밖에 할당대상업체가 더 이상 이 법의 적용을 받을 수 없게 된 경우로서 대통령령으로 정하는 경우

③ 할당대상업체로 지정된 업체의 지정이 취소되거나 다음 계획기간의 할당대상업체로 다시 지정되지 아니하는 경우 해당 업체 또는 해당 업체의 사업장은 관리업체로 지정된 것으로 본다. 이 경우 해당 업체 또는 업체의 사업장이 제24조 제1항에 따라 주무관청에 보고한 명세서는 기본법 제27조 제3항에 따라 정부에 제출한 명세서로 본다. 〈신설 2020. 3. 24., 2021. 9. 24.〉

④ 제1항부터 제3항까지에 따른 할당대상업체의 지정·고시, 신청 및 지정취

소 등에 필요한 사항은 대통령령으로 정한다. 〈신설 2020. 3. 24.〉

[제목 개정 2020. 3. 24.]

제8조의 2(할당대상업체의 권리와 의무의 승계) ① 할당대상업체가 합병·분할하거나 해당 사업장 또는 시설을 양도·임대한 경우에는 해당 업체에 속한 사업장 또는 시설이 이전될 때 이 법에서 정한 할당대상업체의 권리와 의무 또한 승계된다. 다만, 분할·양수·임차 등으로 그 권리와 의무를 승계하여야 하는 업체가 할당대상업체가 아닌 경우로서 이를 승계하여도 제8조 제1항 제1호에 해당하지 아니하는 경우에는 그러하지 아니하다.

② 제1항에 따라 자신의 권리와 의무의 전부 또는 일부를 이전한 할당대상업체는 그 이전의 원인이 발생한 날부터 15일 이내에 그 사실을 주무관청에 보고하여야 한다. 다만, 권리와 의무를 이전한 할당대상업체가 더 이상 존립하지 아니하는 경우에는 이를 승계한 업체가 보고하여야 한다.

③ 주무관청은 제2항에 따른 보고가 있는 경우 그 사실 여부를 확인하여 승계된 권리와 의무에 상응하는 배출권을 관계된 할당대상업체 간에 이전(제1항 단서에 해당하는 경우에는 상응하는 배출권의 할당을 취소하는 것을 포함한다)하는 조치를 하여야 한다.

④ 주무관청은 제2항에 따른 보고의 존부(存否)와 관계없이 할당대상업체의 권리와 의무의 승계가 이루어진 사실을 알게 된 경우 직권으로 상응하는 배출권을 이전 또는 취소할 수 있다.

⑤ 제1항부터 제4항까지에 따른 할당대상업체의 권리와 의무의 승계 등에 필요한 사항은 대통령령으로 정한다.

[본조신설 2020. 3. 24.]

제9조(신규진입자에 대한 할당대상업체의 지정) ① 주무관청은 계획기간 중에 시설의 신설·변경·확장 등으로 인하여 새롭게 제8조 제1항 제1호에 해당하게 된 업체(이하 "신규진입자"라 한다)를 할당대상업체로 지정·고시할 수 있다.

② 제1항에 따른 신규진입자에 대한 할당대상업체 지정·고시에 관하여 필요한 세부 사항은 대통령령으로 정한다.

제10조(목표관리제의 적용 배제) 관리업체로서 제8조 제1항 및 제9조 제1항에 따라 할당대상업체로 지정·고시된 업체에 대하여는 제12조 제1항에 따라 배출권을 할당받은 연도부터 기본법 제27조 제1항·제2항, 같은 조 제3항 전단(목표 준수에 관한 사항만 해당한다), 같은 조 제6항 및 제83조 제1항 제1호·제3호의 규정을 적용하지 아니한다. 〈개정 2021. 9. 24.〉

제11조(배출권등록부) ① 배출권의 할당 및 거래, 할당대상업체의 온실가스 배출

량 등에 관한 사항을 등록·관리하기 위하여 주무관청에 배출권 거래등록부(이하 "배출권등록부"라 한다)를 둔다.
② 배출권등록부는 주무관청이 관리·운영한다.
③ 배출권등록부에는 다음 각 호의 사항을 등록한다.
1. 계획기간 및 이행연도별 배출권의 총수량
2. 할당대상업체, 그 밖의 개인 또는 법인 명의의 배출권 계정 및 그 보유량
3. 제18조에 따른 배출권 예비분 관리를 위한 계정 및 그 보유량
4. 제25조에 따라 주무관청이 인증한 온실가스 배출량
5. 그 밖에 효과적이고 안정적인 배출권의 할당 및 거래를 위하여 필요한 사항으로서 대통령령으로 정하는 사항
④ 배출권등록부는 기본법 제36조에 따른 온실가스 종합정보관리체계와 유기적으로 연계될 수 있도록 전자적 방식으로 관리되어야 한다. 〈개정 2021. 9. 24.〉
⑤ 제20조에 따라 배출권등록부에 배출권 거래계정을 등록한 자는 그가 보유하고 있는 배출권의 수량 등 대통령령으로 정하는 등록사항에 대하여 증명서의 발급을 주무관청에 신청할 수 있다.
⑥ 배출권등록부의 관리·운영 방법 등에 관하여 필요한 세부 사항은 대통령령으로 정한다.

제2절 배출권의 할당

제12조(배출권의 할당) ① 주무관청은 계획기간마다 할당계획에 따라 할당대상업체에 해당 계획기간의 총배출권과 이행연도별 배출권을 할당한다. 다만, 신규진입자에 대하여는 해당 업체가 할당대상업체로 지정·고시된 다음 이행연도부터 남은 계획기간에 대하여 배출권을 할당한다.
② 제1항에 따른 배출권 할당의 기준은 다음 각 호의 사항을 고려하여 대통령령으로 정한다. 〈개정 2021. 9. 24.〉
1. 할당대상업체의 이행연도별 배출권 수요
2. 제15조에 따른 조기감축실적
3. 제27조에 따른 할당대상업체의 배출권 제출 실적
4. 할당대상업체의 무역집약도 및 탄소집약도
5. 할당대상업체 간 배출권 할당량의 형평성
6. 부문별·업종별 온실가스 감축 기술 수준 및 국제경쟁력
7. 할당대상업체의 시설투자 등이 국가온실가스감축목표 달성에 기여하

는 정도

8. 기본법 제27조 제1항에 따른 관리업체의 목표 준수 실적

③ 제1항에 따른 배출권의 할당은 유상 또는 무상으로 하되, 무상으로 할당하는 배출권의 비율은 국내 산업의 국제경쟁력에 미치는 영향, 기후변화 관련 국제협상 등 국제적 동향, 물가 등 국민경제에 미치는 영향 및 직전 계획기간에 대한 평가 등을 고려하여 대통령령으로 정한다.

④ 제3항에도 불구하고 다음 각 호의 어느 하나에 해당하는 할당대상업체에는 배출권의 전부를 무상으로 할당할 수 있다. 〈개정 2020. 3. 24.〉

1. 이 법 시행에 따른 온실가스 감축으로 인한 비용발생도 및 무역집약도가 대통령령으로 정하는 기준에 해당하는 업종에 속하는 업체
2. 공익을 목적으로 설립된 기관 · 단체 또는 비영리법인으로서 대통령령으로 정하는 업체

제13조(배출권 할당의 신청 등) ① 할당대상업체는 매 계획기간 시작 4개월 전까지(할당대상업체가 신규진입자인 경우에는 배출권을 할당받는 이행연도 시작 4개월 전까지) 자신의 모든 사업장에 대하여 다음 각 호의 사항이 포함된 배출권 할당신청서(이하 "할당신청서"라 한다)를 작성하여 주무관청에 제출하여야 한다. 〈개정 2020. 3. 24.〉

1. 할당대상업체로 지정된 연도의 직전 3년간 온실가스 배출량 또는 배출효율을 기준으로 대통령령으로 정하는 방법에 따라 산정한 이행연도별 배출권 할당신청량
2. 제12조 제4항 각 호의 어느 하나에 해당하는 업체의 경우 이를 확인할 수 있는 서류

② 할당대상업체는 제1항에 따라 할당신청서를 제출할 때에 계획기간 중 실제 온실가스 배출량을 산정하기 위한 제반 자료를 수집·측정·평가하는 방법 등을 정하는 온실가스 배출량 산정 계획서(이하 "배출량 산정계획서"라 한다)를 작성하여 주무관청에 함께 제출하여야 한다. 〈개정 2020. 3. 24.〉

③ 할당신청서, 배출량 산정계획서의 작성 및 절차 등에 관하여 필요한 사항은 대통령령으로 정한다. 〈신설 2020. 3. 24.〉

[제목개정 2020. 3. 24.]

제14조(할당의 통보) ① 주무관청은 제12조에 따라 할당대상업체에 배출권을 할당한 때에는 지체 없이 그 사실을 할당대상업체에 통보하고, 배출권등록부의 각 업체별 계정에 그 할당 내역을 등록하여야 한다.

② 제1항에 따른 할당의 통보 및 할당 내역의 등록에 필요한 세부 사항은 대통령령으로 정한다.

제15조(조기감축실적의 인정) ① 주무관청은 할당대상업체가 제12조에 따라 배출권을 할당받기 전에 제24조의 2 제1항에 따른 외부 검증 전문기관의 검증을 받은 온실가스 감축량(이하 "조기감축실적"이라 한다)에 대하여는 대통령령으로 정하는 바에 따라 할당계획 수립 시 반영하거나 제12조에 따른 배출권 할당 시 해당 할당대상업체에 배출권을 추가 할당할 수 있다. 〈개정 2021. 9. 24.〉

② 제1항에 따라 조기감축실적을 할당계획 수립 시 반영하거나 배출권을 추가 할당하는 경우에는 국가온실가스감축목표의 효과적인 달성과 배출권 거래시장의 안정적 운영을 위하여 할당계획에 반영되거나 추가 할당되는 배출권의 비율을 대통령령으로 정하는 바에 따라 총배출권 수량 대비 일정 비율 이하로 제한할 수 있다.

제16조(배출권의 추가 할당) ① 주무관청은 다음 각 호의 어느 하나에 해당하는 경우에는 직권으로 또는 신청에 따라 할당대상업체에 배출권을 추가 할당할 수 있다. 〈개정 2020. 3. 24.〉

1. 제5조 제3항에 따른 할당계획 변경으로 배출허용총량이 증가한 경우
2. 계획기간 시작 직전 연도 또는 계획기간 중에 사업장이 신설되어 해당 이행연도에 온실가스를 배출한 경우
3. 계획기간 시작 직전 연도 또는 계획기간 중에 사업장 내 시설의 신설이나 증설 등으로 인하여 해당 이행연도의 온실가스 배출량이 대통령령으로 정하는 기준 이상으로 증가된 경우
4. 그 밖에 계획기간 중에 할당대상업체가 다른 법률에 따른 의무를 준수하거나 국가온실가스감축목표 달성에 기여하는 활동을 하여 온실가스 배출량이 증가된 경우로서 대통령령으로 정하는 경우

② 제1항에 따른 배출권의 추가 할당 기준 및 절차 등에 관하여 필요한 사항은 대통령령으로 정한다. 〈개정 2020. 3. 24.〉

[제목개정 2020. 3. 24.]

제17조(배출권 할당의 취소) ① 주무관청은 다음 각 호의 어느 하나에 해당하는 경우에는 제12조 및 제16조에 따라 할당 또는 추가 할당된 배출권(무상으로 할당된 배출권만 해당한다)의 전부 또는 일부를 취소할 수 있다. 〈개정 2020. 3. 24.〉

1. 제5조 제3항에 따른 할당계획 변경으로 배출허용총량이 감소한 경우
2. 할당대상업체가 전체 또는 일부 사업장을 폐쇄한 경우
3. 시설의 가동중지·정지·폐쇄 등으로 인하여 그 시설이 속한 사업장의 온실가스 배출량이 대통령령으로 정하는 기준 이상으로 감소한 경우
4. 사실과 다른 내용으로 배출권의 할당 또는 추가 할당을 신청하여 배출권을 할당받은 경우

5. 제8조 제2항에 따라 할당대상업체의 지정이 취소된 경우

② 제1항 제2호 또는 제3호에 따른 배출권 할당의 취소사유가 발생한 할당대상업체는 그 사유 발생일부터 1개월 이내에 주무관청에 그 사실을 보고하여야 한다. 〈개정 2020. 3. 24.〉

③ 제1항에 따라 배출권의 할당이 취소된 할당대상업체가 할당이 취소된 양보다 배출권을 적게 보유한 경우 주무관청은 할당대상업체에 기한을 정하여 그 부족한 부분의 배출권을 제출하도록 명할 수 있다. 〈신설 2020. 3. 24.〉

④ 제1항부터 제3항까지에 따른 배출권 할당 취소의 기준 및 절차 등에 관하여 필요한 사항은 대통령령으로 정한다. 〈신설 2020. 3. 24.〉

제18조(배출권 예비분) 주무관청은 다음 각 호에 해당하는 사항을 처리하기 위하여 일정 수량의 배출권을 배출권 예비분으로 보유하여야 한다. 이 경우 배출권 예비분은 그 용도나 목적 등에 따라 구분하여 보유할 수 있다.

1. 제16조에 따른 배출권의 추가 할당
2. 제22조의 2에 따른 배출권시장 조성자의 시장조성 활동
3. 제23조에 따른 시장 안정화 조치를 위한 배출권 추가 할당
4. 제38조 제1항 제2호부터 제4호까지의 규정에 따른 이의신청의 처리
5. 그 밖에 배출권 예비분 보유가 필요한 경우로서 대통령령으로 정하는 사항

[전문 개정 2020. 3. 24.]

제4장 배출권의 거래

제19조(배출권의 거래) ① 배출권은 매매나 그 밖의 방법으로 거래할 수 있다.

② 배출권은 온실가스를 대통령령으로 정하는 바에 따라 이산화탄소상당량톤으로 환산한 단위로 거래한다.

③ 배출권 거래의 최소 단위 등 배출권 거래에 필요한 세부 사항은 대통령령으로 정한다.

제20조(배출권 거래계정의 등록) ① 배출권을 거래하려는 자는 대통령령으로 정하는 바에 따라 배출권등록부에 배출권 거래계정을 등록하여야 한다.

② 외국 법인 또는 개인은 대통령령으로 정하는 경우에만 제1항에 따른 등록을 신청할 수 있다.

제21조(배출권 거래의 신고) ① 배출권을 거래한 자는 대통령령으로 정하는 바에 따라 그 사실을 주무관청에 신고하여야 한다.

② 제1항에 따른 신고를 받은 주무관청은 지체 없이 배출권등록부에 그 내용을 등록하여야 한다.

③ 배출권 거래에 따른 배출권의 이전은 제2항에 따라 배출권 거래 내용을 등록한 때에 효력이 생긴다.

④ 제1항부터 제3항까지의 규정은 상속이나 법인의 합병 등 거래에 의하지 아니하고 배출권이 이전되는 경우에 준용한다.

제22조(배출권 거래소 등) ① 주무관청은 배출권의 공정한 가격 형성과 매매, 그 밖에 거래의 안정성과 효율성을 도모하기 위하여 배출권 거래소를 지정하거나 설치·운영할 수 있다.

② 제1항에 따라 배출권 거래소를 지정하는 경우 그 지정을 받은 배출권 거래소는 다음 각 호의 사항이 포함된 운영규정을 정하여 거래소 개시일 전까지 주무관청의 승인을 받아야 한다. 승인을 받은 사항 중 대통령령으로 정하는 중요 사항을 변경하려는 경우에도 대통령령으로 정하는 바에 따라 주무관청의 승인을 받아야 한다.

1. 배출권 거래소의 회원에 관한 사항
2. 배출권 거래의 방법에 관한 사항
3. 배출권 거래의 청산·결제에 관한 사항
4. 배출권 거래의 정보 공개에 관한 사항
5. 배출권 거래시장의 감시에 관한 사항
6. 배출권 거래에 관한 분쟁조정에 관한 사항
7. 그 밖에 배출권 거래시장의 운영을 위하여 필요한 사항으로서 대통령령으로 정하는 사항

③ 배출권 거래소에서의 거래와 관련된 시세조종행위 등의 금지 및 배상책임, 부정거래행위 등의 금지 및 배상책임, 정보이용금지에 관하여는 '자본시장과 금융투자업에 관한 법률' 제176조 제1항·제2항 및 제3항 각 호 외의 부분 본문, 제177조('자본시장과 금융투자업에 관한 법률' 제176조 제1항·제2항 및 제3항 각 호 외의 부분 본문을 위반한 경우만 해당한다)부터 제179조까지 및 제383조 제1항·제2항을 각각 준용한다. 이 경우 "상장증권 또는 장내 파생상품" 또는 "금융투자상품"은 "배출권"으로, "전자증권중개회사"는 "배출권 거래를 중개하는 회사"로, "거래소"는 "배출권 거래소"로, "금융투자업자 및 금융투자업관계기관"은 "배출권 거래소 회원"으로 본다.

④ 배출권 거래소의 지정 또는 설치 절차, 배출권 거래소의 업무 및 감독, 배출권 거래를 중개하는 회사 등에 필요한 사항은 대통령령으로 정한다.

제22조의 2(배출권 시장 조성자) ① 주무관청은 제22조에 따라 지정된 배출권 거래소에 의하여 개설된 시장에서 배출권 거래를 활성화시키는 등 배출권 거래

시장의 안정적 운영을 위하여 다음 각 호의 어느 하나에 해당하는 자를 배출권시장 조성자(이하 "시장조성자"라 한다)로 지정할 수 있다.

1. '한국산업은행법'에 따른 한국산업은행
2. '중소기업은행법'에 따른 중소기업은행
3. '한국수출입은행법'에 따른 한국수출입은행
4. 그 밖에 시장조성업무에 관한 전문성과 공공성을 갖춘 자로서 대통령령으로 정하는 자

② 주무관청은 제1항에 따라 시장조성자로 지정된 자가 더 이상 시장조성자로서의 역할을 수행할 수 없게 된 경우에는 그 지정을 취소할 수 있다.

③ 제1항에 따라 시장조성자로 지정된 자는 정기적으로 시장조성 활동 실적을 주무관청에 보고하여야 한다.

④ 주무관청은 제3항에 따라 보고된 실적을 평가하여 그 시장조성자로서의 활동이 적절하지 아니한 경우에는 시정을 요구할 수 있다. 이 경우 시정요구를 받은 시장조성자는 정당한 사유가 없으면 이에 따라야 한다.

⑤ 제1항부터 제4항까지에 따른 시장조성자의 지정 및 지정취소, 시장조성 활동 실적의 제출 및 평가, 시정요구 및 그 이행 등에 필요한 사항은 대통령령으로 정한다.

[본조신설 2020. 3. 24.]

제23조(배출권 거래시장의 안정화) ① 주무관청은 배출권 거래가격의 안정적 형성을 위하여 다음 각 호의 어느 하나에 해당하는 경우 또는 해당할 우려가 상당히 있는 경우에는 대통령령으로 정하는 바에 따라 할당위원회의 심의를 거쳐 시장 안정화 조치를 할 수 있다.

1. 배출권 가격이 6개월 연속으로 직전 2개 연도의 평균 가격보다 대통령령으로 정하는 비율 이상으로 높게 형성될 경우
2. 배출권에 대한 수요의 급증 등으로 인하여 단기간에 거래량이 크게 증가하는 경우로서 대통령령으로 정하는 경우
3. 그 밖에 배출권 거래시장의 질서를 유지하거나 공익을 보호하기 위하여 시장 안정화 조치가 필요하다고 인정되는 경우로서 대통령령으로 정하는 경우

② 제1항에 따른 시장 안정화 조치는 다음 각 호의 방법으로 한다.

1. 제18조에 따른 배출권 예비분의 100분의 25까지의 추가 할당
2. 대통령령으로 정하는 바에 따른 배출권 최소 또는 최대 보유한도의 설정
3. 그 밖에 국제적으로 인정되는 방법으로서 대통령령으로 정하는 방법

제5장 배출량의 보고·검증 및 인증

제24조(배출량의 보고 및 검증) ① 할당대상업체는 매 이행연도 종료일부터 3개월 이내에 대통령령으로 정하는 바에 따라 해당 이행연도에 자신의 모든 사업장에서 실제 배출된 온실가스 배출량에 대하여 배출량 산정계획서를 기준으로 명세서를 작성하여 주무관청에 보고하여야 한다. 〈개정 2020. 3. 24.〉

② 제1항에 따른 보고에 관하여는 기본법 제27조 제3항을 준용한다. 이 경우 "관리업체"는 "할당대상업체"로, "정부"는 "주무관청"으로 본다. 〈개정 2021. 9. 24.〉

③ 제1항 및 제2항에서 규정한 사항 외에 온실가스 배출량의 보고 · 검증에 필요한 세부 사항은 대통령령으로 정한다.

제24조의 2(검증기관) ① 주무관청은 다음 각 호에 해당하는 사항을 객관적이고 전문적으로 검증하기 위하여 대통령령으로 정하는 기준에 적합한 자로부터 신청을 받아 외부 검증 전문기관(이하 "검증기관"이라 한다)을 지정할 수 있다. 이 경우 대통령령으로 정하는 바에 따라 업무의 범위를 구분하여 지정할 수 있다.

1. 배출량 산정계획서
2. 제24조 제1항에 따른 명세서
3. 제30조에 따른 외부사업 온실가스 감축량
4. 그 밖에 할당대상업체의 온실가스 감축량

② 삭제 〈2021. 9. 24.〉

③ 검증기관은 대통령령으로 정하는 업무기준을 준수하여야 한다.

④ 주무관청은 검증기관이 다음 각 호의 어느 하나에 해당하는 경우 그 지정을 취소하거나 1년 이내의 기간을 정하여 업무의 정지 또는 시정을 명할 수 있다. 다만, 제1호부터 제3호까지 중 어느 하나에 해당하는 경우에는 그 지정을 취소하여야 한다.

1. 거짓이나 부정한 방법으로 지정을 받은 경우
2. 검증기관이 폐업·해산 등의 사유로 사실상 영업을 종료한 경우
3. 고의 또는 중대한 과실로 검증업무를 부실하게 수행한 경우
4. 이 법 또는 다른 법률을 위반한 경우
5. 제1항에 따른 지정기준을 갖추지 못하게 된 경우

⑤ 검증기관은 대통령령으로 정하는 바에 따라 정기적으로 검증업무 수행결과를 주무관청에 제출하여야 한다. 이 경우 주무관청은 제출된 수행결과를 평가하여 그 결과를 인터넷 홈페이지 등에 공개할 수 있다.

⑥ 제1항부터 제5항까지에 따른 검증기관의 지정 및 지정취소, 업무정지 및 시정명령 등에 필요한 사항은 대통령령으로 정한다.

[본조신설 2020. 3. 24.]

제24조의 3(검증심사원) ① 검증기관의 검증업무는 전문분야별 자격 요건을 갖추어 주무관청이 발급한 자격증을 보유한 검증심사원(이하 "검증심사원"이라 한다)이 수행하여야 한다.

② 검증심사원은 검증업무를 수행할 때 업무기준을 준수하여야 한다.

③ 주무관청은 검증심사원이 다음 각 호의 어느 하나에 해당하는 경우 그 자격을 취소하거나 1년 이내의 기간을 정하여 정지할 수 있다. 다만, 제1호 또는 제2호에 해당하는 경우에는 그 자격을 취소하여야 한다.

1. 거짓이나 부정한 방법으로 자격을 취득한 경우
2. 고의 또는 중대한 과실로 검증업무를 부실하게 수행한 경우
3. 이 법 또는 다른 법률을 위반한 경우
4. 정당한 이유 없이 필수적인 교육에 참석하지 아니하거나 그 교육의 평가 결과가 현저히 낮은 경우 또는 장기간 검증업무를 수행하지 아니한 경우

④ 제1항부터 제3항까지에 따른 검증심사원의 자격 및 전문분야별 자격 요건, 업무기준, 자격취소·자격정지의 요건 및 절차 등에 관하여 필요한 사항은 대통령령으로 정한다.

[본조신설 2020. 3. 24.]

제25조(배출량의 인증 등) ① 주무관청은 제24조에 따른 보고를 받으면 그 내용에 대한 적합성을 평가하여 할당대상업체의 실제 온실가스 배출량을 인증한다.

② 주무관청은 할당대상업체가 제24조에 따른 배출량 보고를 하지 아니하는 경우에는 제37조에 따른 실태조사를 거쳐 대통령령으로 정하는 기준에 따라 직권으로 그 할당대상업체의 실제 온실가스 배출량을 인증할 수 있다.

③ 주무관청은 제1항 또는 제2항에 따라 실제 온실가스 배출량을 인증한 때에는 지체 없이 그 결과를 할당대상업체에 통지하고, 그 내용을 이행연도 종료일부터 5개월 이내에 배출권등록부에 등록하여야 한다.

④ 제1항부터 제3항까지의 규정에 따른 배출량 인증의 방법·절차, 통지 및 등록에 필요한 세부 사항은 대통령령으로 정한다.

제26조(배출량 인증위원회) ① 제25조에 따른 적합성 평가 및 실제 온실가스 배출량의 인증, 제29조에 따른 상쇄에 관한 전문적인 사항을 심의·조정하기 위하여 주무관청에 배출량 인증위원회(이하 "인증위원회"라 한다)를 둔다.

② 인증위원회의 구성 및 운영 등에 필요한 사항은 대통령령으로 정한다.

제6장 배출권의 제출, 이월·차입, 상쇄 및 소멸

제27조(배출권의 제출) ① 할당대상업체는 이행연도 종료일부터 6개월 이내에 대통령령으로 정하는 바에 따라 제25조에 따라 인증받은 온실가스 배출량에 상응하는 배출권(종료된 이행연도의 배출권을 말한다)을 주무관청에 제출하여야 한다.

② 주무관청은 제1항에 따라 배출권을 제출받으면 지체 없이 그 내용을 배출권등록부에 등록하여야 한다.

제28조(배출권의 이월 및 차입) ① 배출권을 보유한 자는 보유한 배출권을 주무관청의 승인을 받아 계획기간 내의 다음 이행연도 또는 다음 계획기간의 최초 이행연도로 이월할 수 있다.

② 할당대상업체는 제27조에 따라 배출권을 제출하기 위하여 필요한 경우로서 대통령령으로 정하는 사유가 있는 경우에는 주무관청의 승인을 받아 계획기간 내의 다른 이행연도에 할당된 배출권의 일부를 차입할 수 있다.

③ 제2항에 따라 차입할 수 있는 배출권의 한도는 대통령령으로 정한다.

④ 주무관청은 제1항 또는 제2항에 따라 이월 또는 차입을 승인한 때에는 지체 없이 그 내용을 배출권등록부에 등록하여야 한다. 이 경우 이월 또는 차입된 배출권은 각각 그 해당 이행연도에 제12조에 따라 할당된 것으로 본다.

⑤ 제1항 및 제2항에 따른 배출권의 이월 및 차입의 세부 절차는 대통령령으로 정한다.

제29조(상쇄) ① 할당대상업체는 국제적 기준에 부합하는 방식으로 외부사업에서 발생한 온실가스 감축량(이하 "외부사업 온실가스 감축량"이라 한다)을 보유하거나 취득한 경우에는 그 전부 또는 일부를 배출권으로 전환하여 줄 것을 주무관청에 신청할 수 있다.

② 주무관청은 제1항의 신청을 받으면 대통령령으로 정하는 기준에 따라 외부사업 온실가스 감축량을 그에 상응하는 배출권으로 전환하고, 그 내용을 제31조에 따른 상쇄등록부에 등록하여야 한다.

③ 할당대상업체는 제2항에 따라 상쇄등록부에 등록된 배출권(이하 "상쇄배출권"이라 한다)을 제27조에 따른 배출권의 제출을 갈음하여 주무관청에 제출할 수 있다. 이 경우 주무관청은 상쇄배출권 제출이 국가온실가스감축목표에 미치는 영향과 배출권 거래가격에 미치는 영향 등을 고려하여 대통령령으로 정하는 바에 따라 상쇄배출권의 제출한도 및 유효기간을 제한할 수 있다.

제30조(외부사업 온실가스 감축량의 인증) ① 제29조에 따라 배출권으로 전환할 수 있는 외부사업 온실가스 감축량은 다음 각 호의 어느 하나에 해당하는 온실가스 감축량으로서 대통령령으로 정하는 기준과 절차에 따라 주무관청의 인증을 받은 것에 한정한다.

1. 이 법이 적용되지 아니하는 국내외 부분에서 국제적 기준에 부합하는 측정·보고·검증이 가능한 방식으로 실시한 온실가스 감축사업을 통하여 발생한 온실가스 감축량
2. '기후변화에 관한 국제연합 기본협약' 및 관련 의정서에 따른 온실가스 감축사업 등 대통령령으로 정하는 사업을 통하여 발생한 온실가스 감축량

② 제1항에 따른 인증을 받으려는 자는 대통령령으로 정하는 바에 따라 주무관청에 신청하여야 한다.

③ 주무관청은 제1항에 따라 외부사업 온실가스 감축량을 인증한 때에는 지체 없이 제31조에 따른 상쇄등록부에 등록하여야 한다.

제31조(상쇄등록부) ① 제30조에 따라 인증된 외부사업 온실가스 감축량 등을 등록·관리하기 위하여 주무관청에 배출권 상쇄등록부(이하 "상쇄등록부"라 한다)를 둔다.

② 상쇄등록부는 주무관청이 관리·운영한다.

③ 상쇄등록부는 배출권등록부와 유기적으로 연계될 수 있도록 관리되어야 한다.

제32조(배출권의 소멸) 이행연도별로 할당된 배출권 중 제27조에 따라 주무관청에 제출되거나 제28조에 따라 다음 이행연도로 이월되지 아니한 배출권은 각 이행연도 종료일부터 6개월이 경과하면 그 효력을 잃는다.

제33조(과징금) ① 주무관청은 다음 각 호의 어느 하나에 해당하는 경우에는 그 부족한 부분에 대하여 이산화탄소 1톤당 10만 원의 범위에서 해당 이행연도의 배출권 평균 시장가격의 3배 이하의 과징금을 부과할 수 있다. 〈개정 2020. 3. 24.〉

1. 할당대상업체가 제25조에 따라 인증받은 온실가스 배출량보다 제27조에 따라 제출한 배출권이 적은 경우
2. 할당대상업체가 제17조 제1항에 따라 할당이 취소된 양보다 같은 조 제3항에 따라 제출기한 내에 제출한 배출권이 적은 경우

② 주무관청은 과징금을 부과하기 전에 미리 당사자 또는 이해관계인 등에게 의견을 제출할 기회를 주어야 한다.

③ 제1항 및 제2항에 따른 과징금의 부과 기준 및 절차 등에 관하여 필요한 사항은 대통령령으로 정한다.

제34조(과징금의 징수 및 체납처분) ① 주무관청은 과징금 납부의무자가 납부기한까지 과징금을 납부하지 아니한 경우에는 납부기한의 다음 날부터 납부한 날의 전날까지의 기간에 대하여 대통령령으로 정하는 가산금을 징수할 수 있다.

② 주무관청은 과징금 납부의무자가 납부기한까지 과징금을 납부하지 아니한 경우에는 기간을 정하여 독촉을 하고, 그 지정한 기간에 과징금과 제1항에 따른 가산금을 납부하지 아니한 경우에는 국세 체납처분의 예에 따라 징수할 수 있다.

③ 제1항 및 제2항에 따른 과징금의 징수 및 체납처분 절차 등에 관하여 필요한 사항은 대통령령으로 정한다.

제7장 보칙

제35조(금융상·세제상의 지원 등) ① 정부는 배출권거래제 도입으로 인한 기업의 경쟁력 감소를 방지하고 배출권 거래를 활성화하기 위하여 온실가스 감축설비를 설치하거나 관련 기술을 개발하는 사업 등 대통령령으로 정하는 사업에 대하여는 금융상·세제상의 지원 또는 보조금의 지급, 그 밖에 필요한 지원을 할 수 있다.

② 정부는 제1항에 따른 지원을 하는 경우 '중소기업기본법' 제2조에 따른 중소기업이 하는 사업에 우선적으로 지원할 수 있다.

③ 정부는 제12조 제3항에 따라 배출권을 유상으로 할당하는 경우 발생하는 수입과 제33조에 따른 과징금, 제39조에 따른 수수료 및 제43조에 따른 과태료 수입의 전부 또는 일부를 제1항 및 제2항에 따른 지원활동에 사용할 수 있다.

제36조(국제 탄소시장과의 연계 등) ① 정부는 '기후변화에 관한 국제연합 기본협약' 및 관련 의정서 또는 국제적으로 신뢰성 있게 온실가스 배출량을 측정·보고·검증하고 있다고 인정되는 국가와의 합의서에 기초하여 국내 배출권 시장을 국제 탄소시장과 연계하도록 노력하여야 한다. 이 경우 정부는 할당대상업체의 영업비밀 보호 등을 고려하여야 한다.

② 주무관청은 대통령령으로 정하는 바에 따라 국제 탄소시장과의 연계를 위한 조사·연구 및 기술개발·협력 등을 전문적으로 수행하는 기관을 배출권 거래 전문기관으로 지정하거나 설치·운영할 수 있다.

③ 정부는 제2항에 따라 지정하거나 설치·운영하는 배출권 거래 전문기관의

사업 수행에 필요한 경비를 지원할 수 있다.

제37조(실태조사) 주무관청은 다음 각 호의 신청이나 처분 등에 관하여 그 사실 여부 및 적정성을 확인하기 위하여 필요하면 해당 할당대상업체, 시장조성자, 검증기관 또는 검증심사원(이하 이 조에서 "실태조사 대상자"라 한다)에게 보고 또는 자료 제출을 요구하거나 필요한 최소한의 범위에서 현장조사 등의 방법으로 실태조사를 할 수 있다. 이 경우 실태조사 대상자는 정당한 사유가 없으면 이에 따라야 한다. 〈개정 2020. 3. 24.〉

1. 제13조에 따른 배출권 할당의 신청
2. 제15조에 따른 조기감축실적의 인정
3. 제16조에 따른 배출권의 추가 할당
4. 제17조에 따른 배출권 할당의 취소

4의 2. 제22조의 2에 따른 시장조성자의 지정·지정취소 및 시장조성자에 대한 시정요구

5. 제24조에 따른 배출량의 보고 및 검증

5의 2. 제24조의 2에 따른 검증기관의 지정·지정취소·업무정지 및 시정명령

5의 3. 제24조의 3에 따른 검증심사원의 자격취득·자격취소 및 자격정지

6. 제25조에 따른 배출량의 인증
7. 제30조에 따른 외부사업 온실가스 감축량의 인증

제37조의 2(청문) 주무관청은 다음 각 호의 어느 하나에 해당하는 처분을 하려는 경우에는 청문을 하여야 한다.

1. 제22조의 2 제2항에 따른 시장 조성자의 지정취소
2. 제24조의 2 제4항에 따른 검증기관의 지정취소
3. 제24조의 3 제3항에 따른 검증심사원의 자격취소

[본조 신설 2020. 3. 24.]

제38조(이의신청) ① 다음 각 호의 처분에 대하여 이의(異議)가 있는 자는 각 호에 규정된 날부터 30일 이내에 대통령령으로 정하는 바에 따라 소명자료를 첨부하여 주무관청에 이의를 신청할 수 있다. 〈개정 2020. 3. 24.〉

1. 제8조 제1항 및 제9조 제1항에 따른 지정 : 고시된 날
2. 제12조 제1항에 따른 할당 : 할당받은 날
3. 제16조에 따른 배출권의 추가 할당 : 배출권이 추가 할당된 날
4. 제17조에 따른 배출권 할당의 취소 : 배출권의 할당이 취소된 날
5. 제22조의 2 제1항 및 제2항에 따른 시장조성자의 지정 및 지정취소 : 통보된 날

6. 제24조의 2 제1항 및 제4항에 따른 검증기관의 지정·지정취소·업무정지 및 시정명령 : 통보된 날
7. 제24조의 3 제1항 및 제3항에 따른 검증심사원의 자격부여·자격취소 및 자격정지 : 통보된 날
8. 제25조 제1항에 따른 배출량의 인증 : 인증받은 날
9. 제33조 제1항에 따른 과징금 부과처분 : 고지받은 날

② 주무관청은 제1항에 따라 이의신청을 받으면 이의신청을 받은 날부터 30일 이내에 그 결과를 신청인에게 통보하여야 한다. 다만, 부득이한 사정으로 그 기간 내에 결정을 할 수 없을 때에는 30일의 범위에서 기간을 연장하고 그 사실을 신청인에게 알려야 한다.

제39조(수수료) 다음 각 호의 어느 하나에 해당하는 자는 대통령령으로 정하는 바에 따라 수수료를 내야 한다.

1. 제11조 제5항에 따라 증명서의 발급을 신청하는 자
2. 제20조에 따라 배출권 거래계정의 등록을 신청하는 자(할당대상업체는 제외한다)

제40조(권한의 위임 또는 위탁) ① 주무관청은 이 법에 따른 권한의 일부를 대통령령으로 정하는 바에 따라 다른 중앙행정기관의 장 또는 소속 기관의 장에게 위임하거나 위탁할 수 있다.

② 주무관청은 이 법에 따른 업무의 일부를 대통령령으로 정하는 바에 따라 공공기관 또는 대통령령으로 정하는 온실가스 감축 관련 전문기관에 위탁할 수 있다.

제40조의 2(벌칙 적용에서 공무원 의제) 다음 각 호의 어느 하나에 해당하는 사람은 '형법' 제129조부터 제132조까지의 규정을 적용할 때에는 공무원으로 본다. 〈개정 2020. 3. 24.〉

1. 인증위원회의 위원 중 공무원이 아닌 사람
2. 검증심사원

[본조신설 2018. 10. 16.]

제8장 벌칙 및 과태료

제41조(벌칙) ① 다음 각 호의 어느 하나에 해당하는 자는 3년 이하의 징역 또는 1억 원 이하의 벌금에 처한다. 다만, 그 위반행위로 얻은 이익 또는 회피한 손실액의 3배에 해당하는 금액이 1억 원을 초과하는 경우에는 그 이익 또는 회피한 손실액의 3배에 해당하는 금액 이하의 벌금에 처한다.

1. 제22조 제3항에서 준용하는 '자본시장과 금융투자업에 관한 법률' 제176조 제1항을 위반하여 배출권의 매매에 관하여 그 매매가 성황을 이루고 있는 듯이 잘못 알게 하거나, 그 밖에 타인에게 그릇된 판단을 하게 할 목적으로 같은 항 각 호의 어느 하나에 해당하는 행위를 한 자
2. 제22조 제3항에서 준용하는 '자본시장과 금융투자업에 관한 법률' 제176조 제2항을 위반하여 배출권의 매매를 유인할 목적으로 같은 항 각 호의 어느 하나에 해당하는 행위를 한 자
3. 제22조 제3항에서 준용하는 '자본시장과 금융투자업에 관한 법률' 제176조 제3항 각 호 외의 부분 본문을 위반하여 배출권의 시세를 고정시키거나 안정시킬 목적으로 그 배출권에 관한 일련의 매매 또는 그 위탁이나 수탁을 한 자
4. 제22조 제3항에서 준용하는 '자본시장과 금융투자업에 관한 법률' 제178조 제1항을 위반하여 배출권의 매매, 그 밖의 거래와 관련하여 같은 항 각 호의 어느 하나에 해당하는 행위를 한 자
5. 제22조 제3항에서 준용하는 '자본시장과 금융투자업에 관한 법률' 제178조 제2항을 위반하여 배출권의 매매, 그 밖의 거래를 할 목적이나 그 시세의 변동을 도모할 목적으로 풍문의 유포, 위계(僞計)의 사용, 폭행 또는 협박을 한 자

② 다음 각 호의 어느 하나에 해당하는 사람은 1년 이하의 징역 또는 3천만 원 이하의 벌금에 처한다.

1. 제22조 제3항에서 준용하는 '자본시장과 금융투자업에 관한 법률' 제383조 제1항을 위반하여 그 직무에 관하여 알게 된 비밀을 누설하거나 이용한 배출권 거래소의 임직원 또는 임직원이었던 사람
2. 제22조 제3항에서 준용하는 '자본시장과 금융투자업에 관한 법률' 제383조 제2항을 위반하여 배출권 거래소의 회원과 자금의 공여, 손익의 분배, 그 밖에 영업에 관하여 특별한 이해관계를 가진 배출권 거래소의 상근 임직원

③ 다음 각 호의 어느 하나에 해당하는 자는 1억 원 이하의 벌금에 처한다. 다만, 그 위반행위로 얻은 이익 또는 회피한 손실액의 3배에 해당하는 금액이 1억 원을 초과하는 경우에는 그 이익 또는 회피한 손실액의 3배에 해당하는 금액 이하의 벌금에 처한다. 〈개정 2020. 3. 24.〉

1. 거짓이나 부정한 방법으로 배출권 할당 또는 추가 할당을 신청하여 제12조 제1항 또는 제16조 제1항 제2호부터 제4호까지에 따른 할당 또는

추가 할당을 받은 자
2. 거짓이나 부정한 방법으로 외부사업 온실가스 감축량을 배출권으로 전환하여 줄 것을 신청하여 제29조 제3항에 따라 상쇄배출권을 제출한 자
3. 거짓이나 부정한 방법으로 인증을 신청하여 제30조에 따른 외부사업 온실가스 감축량을 인증받은 자

제42조(양벌규정) 법인(단체를 포함한다. 이하 이 조에서 같다)의 대표자나 법인 또는 개인의 대리인, 사용인, 그 밖의 종업원이 그 법인 또는 개인의 업무에 관하여 제41조의 위반행위를 하면 그 행위자를 벌하는 외에 그 법인 또는 개인에게도 해당 조문의 벌금형을 과(科)한다. 다만, 법인 또는 개인이 그 위반행위를 방지하기 위하여 해당 업무에 관하여 상당한 주의와 감독을 게을리하지 아니한 경우에는 그러하지 아니하다.

제43조(과태료) 주무관청은 다음 각 호의 어느 하나에 해당하는 자에게는 1천만원 이하의 과태료를 부과·징수한다. 〈개정 2020. 3. 24., 2021. 9. 24.〉
1. 제17조 제2항에 따른 기한 내에 보고를 하지 아니하거나 사실과 다르게 보고한 자
2. 제21조 제1항에 따른 신고를 거짓으로 한 자
3. 제24조 제1항에 따른 보고를 하지 아니하거나 거짓으로 보고한 자
4. 제24조 제2항에서 준용하는 기본법 제27조 제3항을 위반하여 시정이나 보완 명령을 이행하지 아니한 자
5. 제24조의 2 제5항에 따른 검증업무 수행결과를 제출하지 아니한 검증기관
6. 제27조에 따른 배출권 제출을 하지 아니한 자

부칙 〈제18469호, 2021. 9. 24.〉 (기후위기 대응을 위한 탄소중립·녹색성장 기본법)

제1조(시행일) 이 법은 공포 후 6개월이 경과한 날부터 시행한다. 〈단서 생략〉

제2조 부터 제8조까지 생략

제9조(다른 법률의 개정) ①부터 ⑥까지 생략

⑦ 온실가스 배출권의 할당 및 거래에 관한 법률 일부를 다음과 같이 개정한다.

제1조 중 "'저탄소 녹색성장 기본법' 제46조"를 "'기후위기 대응을 위한 탄소중립·녹색성장 기본법' 제25조"로 한다.

제2조 제1호 중 "'저탄소 녹색성장 기본법'(이하 "기본법"이라 한다) 제2조 제9호"를 "'기후위기 대응을 위한 탄소중립·녹색성장 기본법'(이하 "기본법"이라 한다) 제2조 제5호"로 하고, 같은 조 제2호 중 "기본법

제2조 제10호"를 "기본법 제2조 제6호"로 하며, 같은 조 제3호 중 "기본법 제42조 제1항 제1호에 따른 온실가스 감축 목표"를 "기본법 제8조에 따른 중장기 국가 온실가스 감축 목표"로 하고, 같은 조 제6호 중 "기본법 제2조 제9호"를 "기본법 제2조 제5호"로 한다.

제4조 제5항 본문 중 "기본법 제14조에 따른 녹색성장위원회(이하 "녹색성장위원회"라 한다)"를 "기본법 제15조 제1항에 따른 2050 탄소중립녹색성장위원회(이하 "탄소중립녹색성장위원회"라 한다)"로 한다.

제5조 제5항 본문 중 "녹색성장위원회"를 "탄소중립녹색성장위원회"로 한다.

제8조 제1항 제1호나목 중 "기본법 제42조 제6항"을 "기본법 제27조 제1항"으로 하고, 같은 조 제3항 후단 중 "기본법 제44조 제1항에 따라 정부에 보고된 명세서"를 "기본법 제27조 제3항에 따라 정부에 제출한 명세서"로 한다.

제10조 중 "기본법 제42조 제5항부터 제9항까지 및 제64조 제1항 제1호(기본법 제42조 제6항 · 제9항만 해당한다)부터 제3호까지"를 "기본법 제27조 제1항 · 제2항, 같은 조 제3항 전단(목표 준수에 관한 사항만 해당한다), 같은 조 제6항 및 제83조 제1항 제1호·제3호"로 한다.

제11조 제4항 중 "기본법 제45조에 따른 온실가스 종합정보관리체계"를 "기본법 제36조에 따른 온실가스 종합정보관리체계"로 한다.

제12조 제2항 제8호 중 "기본법 제42조 제6항에 따른 관리업체"를 "기본법 제27조 제1항에 따른 관리업체"로 한다.

제15조 제1항 중 "외부 전문기관(기본법 제42조 제9항에 따른 외부 전문기관을 말한다. 이하 같다)"을 "제24조의 2 제1항에 따른 외부 검증 전문기관"으로 한다.

제24조 제2항 전단 중 "기본법 제44조 제2항"을 "기본법 제27조 제3항"으로 한다.

제24조의 2 제2항을 삭제한다.

제43조 제4호 중 "기본법 제44조 제2항"을 "기본법 제27조 제3항"으로 한다.

⑧부터 ⑲까지 생략

제10조 생략

탄소시장 인베스트

제1판 1쇄 2023년 6월 30일

지은이 김태선
펴낸이 한성주
펴낸곳 ㈜두드림미디어
책임편집 이향선
디자인 디자인 뜰채 apexmino@hanmail.net

㈜두드림미디어
등 록 2015년 3월 25일(제2022-000009호)
주 소 서울시 강서구 공항대로 219, 620호, 621호
전 화 02)333-3577
팩 스 02)6455-3477
이메일 dodreamedia@naver.com(원고 투고 및 출판 관련 문의)
카 페 https://cafe.naver.com/dodreamedia

ISBN 979-11-982681-5-0 (03320)

책 내용에 관한 궁금증은 표지 앞날개에 있는 저자의 이메일이나
저자의 각종 SNS 연락처로 문의해주시길 바랍니다.

CARBON

MARKET INVEST

탄소시장인베스트